이시한의 열두 달 북클럽

이시한
지음

이시한의
열두 달 북클럽

순한 맛부터 매운맛까지 소설책부터 벽돌책까지
전천후 지식인이 되는 책읽기

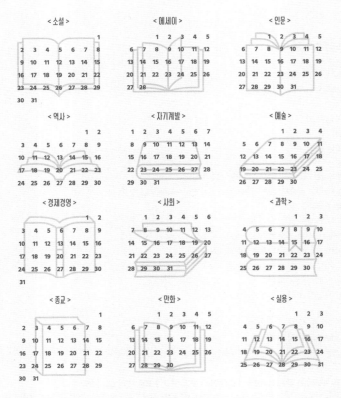

< 소설 >

						1
2	3	4	5	6	7	8
9	10	11	12	13	14	15
16	17	18	19	20	21	22
23	24	25	26	27	28	29
30	31

< 에세이 >

	1	2	3	4	5
6	7	8	9	10	11	12
13	14	15	16	17	18	19
20	21	22	23	24	25	26
27	28

< 인문 >

	1	2	3	4	5
6	7	8	9	10	11	12
13	14	15	16	17	18	19
20	21	22	23	24	25	26
27	28	29	30	31

< 역사 >

					1	2
3	4	5	6	7	8	9
10	11	12	13	14	15	16
17	18	19	20	21	22	23
24	25	26	27	28	29	30

< 자기계발 >

1	2	3	4	5	6	7
8	9	10	11	12	13	14
15	16	17	18	19	20	21
22	23	24	25	26	27	28
29	30	31

< 예술 >

			1	2	3	4
5	6	7	8	9	10	11
12	13	14	15	16	17	18
19	20	21	22	23	24	25
26	27	28	29	30

< 경제경영 >

					1	2
3	4	5	6	7	8	9
10	11	12	13	14	15	16
17	18	19	20	21	22	23
24	25	26	27	28	29	30
31

< 사회 >

1	2	3	4	5	6
7	8	9	10	11	12	13
14	15	16	17	18	19	20
21	22	23	24	25	26	27
28	29	30	31

< 과학 >

				1	2	3
4	5	6	7	8	9	10
11	12	13	14	15	16	17
18	19	20	21	22	23	24
25	26	27	28	29	30

< 종교 >

						1
2	3	4	5	6	7	8
9	10	11	12	13	14	15
16	17	18	19	20	21	22
23	24	25	26	27	28	29
30	31

< 만화 >

	1	2	3	4	5
6	7	8	9	10	11	12
13	14	15	16	17	18	19
20	21	22	23	24	25	26
27	28	29	30

< 실용 >

				1	2	3
4	5	6	7	8	9	10
11	12	13	14	15	16	17
18	19	20	21	22	23	24
25	26	27	28	29	30	31

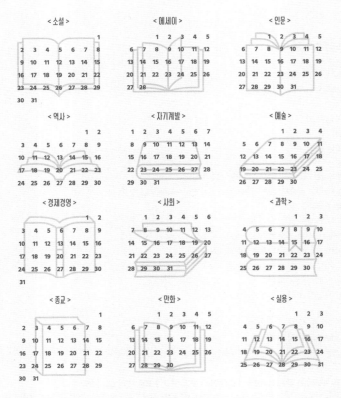

비즈니스북스

일러두기

이 책에 들어간 인용문은 대부분 저작권자의 사용 허락을 받았습니다. 그러나 일부는 저작권자의 회신을 받지 못해 출처를 명기하고 사용했습니다. 추후라도 저작권자에게 연락이 오면 적법한 절차를 진행하겠습니다.

이시한의 열두 달 북클럽

1판 1쇄 인쇄　2022년 1월 4일
1판 1쇄 발행　2022년 1월 11일

지은이 | 이시한
발행인 | 홍영태
편집인 | 김미란
발행처 | (주)비즈니스북스
등　록 | 제2000-000225호(2000년 2월 28일)
주　소 | 03991 서울시 마포구 월드컵북로6길 3 이노베이스빌딩 7층
전　화 | (02)338-9449
팩　스 | (02)338-6543
대표메일 | bb@businessbooks.co.kr
홈페이지 | http://www.businessbooks.co.kr
블로그 | http://blog.naver.com/biz_books
페이스북 | thebizbooks
ISBN 979-11-6254-258-3　03100

비즈니스북스는 독자 여러분의 소중한 아이디어와 원고 투고를 기다리고 있습니다.
원고가 있으신 분은 ms1@businessbooks.co.kr로 간단한 개요와 취지, 연락처 등을 보내 주세요.

열두 달 북클럽을 시작하며

'책 좀 읽어야 하는데'

'책을 읽어야 한다'고 말했을 때 '왜?'라는 의구심을 표현하는 사람은 거의 없습니다. '넷플릭스를 봐야 한다'거나 '아이패드를 사야 한다'고 말할 때와는 다르죠. 말하자면 독서는 '당위'처럼 느껴집니다. 그렇다고 해서 '밥을 먹어야 한다'와 '잠을 자야 한다' 같은 수준의 당위는 또 아닙니다. 독서는 생존과 관련된 문제는 아니니까요. 당위는 있지만 실천은 없는 게 바로 책 읽기죠. 그러니까 하면 좋은데, 쉽게 하지 못하는 것이라고 할 수 있겠네요. 이와 비슷한 것으로는 운동이나 다이어트, 금연 같은 것이 있습니다.

이런 것들의 특징은, 마음속에 항상 '해야 한다'라는 생각은 가지고 있는데 당장 시작하지는 않는다는 것이죠. 언제나 내일부터 시작하는 것이지, 오늘부터 할 건 아닌 거예요. 하지만 내일은 결코 오지 않는 날이죠. 하루가 지나면 다시 오늘이니까요. 의역을 해주는 번역기가 있다면 "내일부터 할 거야."라는 말은 "당분간 할 생각이 없어."로 번역되지 않을까 싶어요. "언제 밥 한번 먹자."보다 더 빈말이 "내일부터는 책을 좀 읽어야지."일 것입니다.

　그래서 책 읽기, 다이어트, 운동, 금연을 '새해 결심의 4대 천왕'이라고 하잖아요. 매번 다시 결심해야 할 정도로 전혀 지키지 않는다는 뜻이죠. 재미있는 것은 어차피 이런 결말을 알고 있는데도, 끊임없이 결심이나 생각은 한다는 겁니다. 차라리 그냥 포기하면 마음이 편해질 텐데 말이죠.

　이 4대 천왕 중에서도 가장 끝자리에 오는 것이 책 읽기입니다. 다른 것들은 눈에 보이는 건강과 관련되다 보니, 어떤 경우에는 심각한 경고음이 머릿속에 울릴 때도 있거든요. 체중의 앞자리가 바뀐다든가, 계단을 조금만 걸어 올라가도 미친 듯이 숨을 몰아쉬는 자신의 모습을 발견할 때는 운동, 다이어트, 금연 등을 생각하게 됩니다. 그래서 러닝머신에서 달리거나, 금연초를 사는 등의 시도를 해보기도 하죠.

　하지만 책 읽기가 부족해서 눈에 보이는 데미지를 얻는 경우는 많이 없죠. 독서를 해야겠다고 결심할 만한 전환점이 별로 없어요. 그러면서도 늘 '책 좀 읽어야 하는데'라며 약간의 압박감을 느낍니다. 간혹 자신은 독서의 압박에서 자유롭고 책을 안 읽는다고 해서 전혀 부끄럽지 않다고 생각하는 사람도 있는데, 다음 두 질문에 대해 어떻게 답할지 생각해 보면 꼭 그렇지만도 않다는 것을 알 거예요.

질문1) 아니, 〈매트릭스〉를 안 봤어요? 영화의 고전인데?
질문2) 아니, 《어린 왕자》를 안 봤어요? 그 유명한 책을?

전자는 '옛날 영화인데 안 볼 수도 있지'라는 생각이 자연스럽게 들 수 있는데, 후자는 뭔가 인정하기 싫은 느낌이 좀 있죠. "그래도 줄거리는 아는데……."라며 말을 덧붙이게 됩니다.

이처럼 책 읽기에 대해서는 보통 부담감을 가지고 있습니다. 저는 이것을 '책 빚'이라고 불러요. 책에 대해서는 늘 빚쟁이가 된 마음으로 시달리니까요. 많은 사람이 '책을 읽어야 하는데' 혹은 '우리 아이들이 책을 읽어야 하는데'와 같이 책에 관해 초조하고 쫓기는 마음을 가지고 있습니다.

책 빚을 청산하자

———

지긋지긋한 책 빚쟁이 생활을 이제는 청산해 보는 게 어떨까 합니다. 빚에 쫓기기 시작하면, 낯선 번호로 걸려 오는 전화벨 소리만 들어도 심장이 쿵 하고 내려앉고는 합니다. 책 빚에 짓눌리면 책 이야기만 나와도 왠지 주눅 들고, 부담스럽고, 마음 한편이 무거워집니다. 물론 책 따위와의 교류는 여태까지 없었고, 지금도 없으며, 앞으로도 절대 없을 거라고 생각하는 분이라면, 그런 압박도 당연히 없겠죠. 하지만 이런 사람에게도 "(앞으로 태어날) 자녀들에게 책을 전혀 읽히지 않으실 겁니까?"라고 물으면 당당하게 고개를 끄덕이지 못하는 경우가 대부분입니다. 책 빚을 잊으려고 하지만, 부채감은 여전히 가지고 있거든요.

책을 좀 읽어 봅시다! 거들어드릴게요. 우선 책 읽는 방법 자체를 잘 모르는 분이나 책을 꾸준히 읽으려면 어떻게 해야 할지 큰 방향성이 필요한 분들을 위해 책을 잘 읽는 방법을 정리하고 시작할까 합니다.

책에 재미를 붙이는 일곱 가지 방법

———

책을 리뷰하고, 추천하고, 저자와 인터뷰하고 하는 게 일인 저는 책을 많이 볼 수밖에 없습니다. 사실 책을 많이 본다고 말하는 사람은 많습니다. 하지만 저는 유튜브 채널에 적어도 매주 두 권씩의 책 리뷰를 업로드하고 있으니, 눈에 보이는 증거가 확실하게 남아 있는 셈입니다.

책을 많이 보다 보니 '책을 보기 위한 안내를 해주는 책'도 종종 읽게 됩니다. 사실 지금 여러분이 읽고 있는 이 책도 바로 책을 보기 위한 책이죠. 그런데 그런 책들이 추천하는, 책에 재미를 붙이는 방법은 놀랍게도 다 똑같습니다. 책마다 표현이나 설명만 다를 뿐 정리하면 딱 일곱 가지예요. 그 일곱 가지는 다음과 같습니다. 그러니까 유튜브식의 제목을 붙이자면 '독서법 책 100권 읽고 핵심만 정리한 일곱 가지'입니다.

1. 책을 끝까지 읽어야 한다는 생각은 버린다

100쪽짜리 책이 있고, 900쪽짜리 책이 있다면 어떤 책을 선택하겠습니까? 아무래도 100쪽짜리 책에 먼저 눈이 갈 겁니다. 그런데 잘 생각해 보면, 어차피 50쪽 정도만 읽다가 그만둘 건데, 100쪽짜리나 900쪽짜리나 뭐가 다른가요?

그런데도 두꺼운 책을 쉽사리 집어 들지 못하는 이유는 뭘까요? 책을 읽기 시작할 때는 '이 책을 끝까지 읽어야 한다'는 압박감이 무의식중에 작용하기 때문입니다. 책을 끝까지 읽어야 한다는 압박감이 나쁜 것은 아닙니다. 문제는 그 압박감 때문에 책을 시작하기조차 힘들다는 거죠. 그리고 책 한 권을 고르는 데 무척 신중해 집니다.

책을 보면 끝까지 읽어야 한다는 생각은 그야말로 '오버'입니다. 책을 많이 읽는 사람이라면 오히려 중간에 읽던 책도 과감히 내던 질 거예요. 필요한 정보를 다 얻었거나, 더 이상 보는 게 시간 낭비 라고 판단되거나, 아무리 봐도 이해가 안 가는 책이라면 억지로 참 으며 볼 필요는 없으니까요. 가뜩이나 읽을 책도 많고, 독서가 아 니어도 할 일이 많은데 그런 책에 시간을 빼앗길 필요는 없죠.

넷플릭스를 볼 때 가장 많이 보는 것은 처음에 나오는 선택 화면 이라는 말이 있죠. 뭘 볼지만 한참을 고민하다가 결국 꺼 버리는 일이 적지 않습니다. 책 역시 어떤 책을 읽어야 하나 고민하다가 결국 아무것도 읽지 않는 일이 자주 발생하거든요. 한번 책을 잡으 면 끝까지 읽어야 한다는 강박관념 때문에 계속 망설이게 되는 겁 니다. 그렇게 고민할 시간이면 일단 한 10~20분 읽어 보고 계속 읽을지 그만둘지를 결정하는 게 훨씬 효율적입니다.

책을 읽다가 아니다 싶으면 언제든지 그만 읽으면 되는 거예요. 그런 행동을 비난할 사람은 자기 자신밖에 없습니다. 일단 남들은 모르니까요. 설사 안다고 해도 아무도 뭐라고 하지 않아요. "읽다 보니 별로더라."라는 말이 오히려 더 '있어 보이지' 않나요? 책을 끝까지 읽어야 한다는 선입견은 버려도 됩니다.

2. 책을 처음부터 읽을 필요도 없다

책을 첫 장부터 차례대로 볼 필요도 없습니다. 어떤 책은 액션 영화처럼 구성되어 있습니다. 액션 영화는 초반에 관객의 눈을 사로잡기 위해 화려한 액션으로 시작하는 경향이 있죠. 책도 독자의 관심과 선택을 받기 위해 초반을 흥미롭게 구성하는 거죠.

그러나 대부분의 책은 피라미드 만들듯이 만듭니다. 즉 초반에서 후반으로 가면서 '빌드 업build up' 하는 특성이 있죠. 탄탄하게 밑단을 완성하고, 그것을 바탕으로 그다음 단계, 그리고 또 다음 단계를 쌓아 갑니다. 스토리가 있는 책이라면 기승전결이 있고, 정보가 있는 책이라면 개념으로 시작해서 응용으로 나아갑니다. 그래서 앞부분이 가장 지루한 경우가 있어요.

이런 경우 앞에서부터 차례대로 읽는 게 힘들 수 있죠. 그렇다면 차례를 펼쳐 가장 관심 가고 흥미로워 보이는 부분부터 읽는 것도 방법입니다. 가장 흥미로워 보이는 부분을 읽고 그 책에 대해 관심이 생겼다면, 책을 끝까지 읽을 수 있는 동력이 생겼을 테니, 다시 책의 앞부분으로 돌아가서 차례대로 읽으면 됩니다. 혹은 그 내용만으로 만족했다면 거기서 독서를 끝내도 됩니다. 당연히 기승전결의 '기'나 '개념'부터 시작하는 것이 책이 말하는 바를 이해하는데 가장 효과적입니다.

그러나 앞부분을 넘기지 못하고 아예 포기하는 것보다는 낫잖아요. 그러니 책은 무조건 처음부터 읽어야 한다는 고정관념을 깨고, 책을 어디서부터 읽을지 스스로 결정해 보세요.

3. 책에서 교훈이나 정답을 찾으려 하지 말자

입시의 영향으로 잘못된 독서 습관을 가지게 된 사람이 많습니다. 저는 그것을 '받는 독서'라고 말하는데, '저자의 의도와 생각을 정확하게 받아야 하는' 독서라는 뜻입니다. 글을 읽으면 글쓴이의 의도를 정확하게 찾아내야 객관식 문제의 정답을 맞힐 수 있고, 그래야 언어영역에서 상위 등급을 유지할 수 있죠. 그러다 보니 입시를 위한 독서가 아닌데도 그런 습관에서 벗어나지 못하는 겁니다.

이런 독서 습관을 가진 사람은 작가의 메시지를 어떻게 받을까를 고민하게 되고, 작가의 메시지를 자의적으로 해석해서는 안 된다는 강박에 빠집니다. 예를 들어 이상화 시인의 〈빼앗긴 들에도 봄은 오는가〉를 배울 때, 여기서 '들'은 우리 '국토'고 '봄'은 '해방'을 상징한다고 배우죠. 이를 다르게 해석하면 객관식 문제에서는 틀린 답입니다. 그러다 보니 이 시를 다른 의미로 해석하기 어려워지죠. 일제강점기에 쓰인 이 시를 이렇게 해석하는 것이 정답일지는 몰라도, 지금 이 시대에 유효하지는 않습니다. 지금은 조금 더 확장된 의미로 봄을 자유나 이상으로 해석할 수도 있고, 각자의 상황에 맞춰 건강이나 취업 같은 가치로 인식할 수도 있어요. 이렇게 하면 조금 더 다양하고 풍부하게 시를 감상할 수 있겠죠.

우리는 입시를 준비하면서 문학작품이나 비문학을 읽을 때 주제를 알아야 하고, 글이 의미하는 바가 무엇인지 정확히 알아야 했습니다. 그런 식으로 글을 읽다 보니, 시험이 아니라면 굳이 글을 찾아서 읽고 싶은 욕망이 사라진 사람이 많죠. 책을 읽으면 입시를 치르는 학생이 된 듯한 느낌이 들기도 합니다. 독서에 부정적인 영향을 끼치는 일종의 '입시 트라우마'가 생긴 겁니다. 이 입시 트라우마를 깨지 않는 한 폭넓은 독서를 하기는 힘듭니다.

'수용미학'이라는 것이 있어요. '독자반응비평'이라는 말로도 쓸 수 있는데요, 작품은 작가의 손을 떠나는 순간 그것을 받아들이는 사람의 몫이 된다는 말이죠. 좀 더 쉽게 말하면, 예술 작품을 감상할 때는 작가의 의도보다 독자나 관객들이 어떻게 받아들이는가가 중요하다는 이론입니다.

여기서 카를로 콜로디의 동화《피노키오의 모험》을 떠올려 봅시다. 피노키오는 제페토 할아버지가 나무토막을 깎아서 인형으로 만든 것입니다. 제페토 할아버지는 처음에 말 잘 듣는 착한 아이를 의도하고 인형을 만들었는데, 피노키오는 다리가 생기자마자 뛰쳐나가 제멋대로 말썽을 저지르죠. 제페토 할아버지가 아무리 바로잡으려고 해도, 오히려 더한 말썽을 일으키기도 해요. 피노키오는 세상에 이리저리 치이면서 마침내 작가와 화해를 하고 고래 뱃속에서 만나게 되고, 결국엔 '어린이'라는 완성된 작품이 됩니다. 피노키오는 세상 속에서 완성된 아이이지, 제페토의 처음 의도대로 완성된 아이는 아닙니다.

수용론에서 바라보는 작가와 작품의 관계도 바로 피노키오와 제페토 할아버지의 관계와 같습니다. 피노키오가 작품을 상징한다면 제페토 할아버지는 작가가 되겠죠. 작품에 정답이나 정해진 것은 없습니다. 시대와 환경의 변화에 따라 다양한 해석이 덧붙으면서 명작이 되고 시대를 뚫고 살아남는 고전이 됩니다.

그러므로 작가의 의도를 정답 찾듯이 정확히 찾아내야 한다는 부담을 가질 필요는 전혀 없습니다. 그저 자신이 느끼는 것에 충실하면 됩니다. 나이가 들고 또 다른 경험이 쌓여서 예전에 읽었던 작품을 다시 보니 다른 의미가 읽히는 경험도 좋습니다. 그냥 자신이 느꼈던 것을 꾸미거나 허세 부리지 않고 소박한 자신의 언어로 표현하는 것이 작품을 감상하고 이야기하는 가장 좋은 방법이 아닐까 합니다.

4. 직렬식이 아닌 병렬식으로 책을 읽자

현대인들은 시간이 없습니다. 드라마도 봐야 하고, 넷플릭스도 봐야 하고, 유튜브도 봐야 합니다. 드라마를 보면서 SNS를 할 수 있고, 밥 먹으면서 유튜브를 볼 수 있고, 직장에서 일하면서 인터넷 쇼핑도 할 수 있어요. 요즘 웬만한 일은 모두 멀티 플레이로 처리할 수 있거든요. 그런데 책을 볼 때는 멀티 플레이가 힘듭니다. SNS를 하면서 책을 보려고 시도해 볼 수는 있지만, 곧 책은 곱게 접혀 있고 SNS에만 몰두하는 자신을 보게 될 것입니다. 책을 읽을 때는 집중이 필요하기 때문이죠.

그래서 사람들은 책을 읽는 것에 매우 신중합니다. 한 번에 한 책만 읽을 수 있다고 생각하니까요. 물론 두 가지 책을 '동시에' 읽을 수는 없습니다. 왼쪽 눈으로는 《사피엔스》를 읽으면서, 오른쪽 눈으로는 《메타버스의 시대》를 읽을 수는 없으니까요. 그런데 두 권, 아니 여러 권을 '함께' 읽을 수는 있습니다. 무슨 뜻이냐고요? 출근길이나 등굣길에 《사피엔스》를 읽으면서, 퇴근길이나 하굣길에는 《메타버스의 시대》를 읽을 수 있는 거죠. 집에 가서 자기 전에는 《데미안》을 볼 수도 있습니다. 이런 경우 멀티 플레이라기보다는 병렬식 독서라는 말이 어울릴 것 같아요.

그런데 책을 병렬적으로 읽는 것을 두고 '읽고 있는 책을 두고 바람을 피우는 것 같다'고 생각하는 사람들이 있어요. 이런 사람들은 독서는 한 번에 한 권씩, 끝까지라고 생각을 하기 때문에 책을 고르는데도 매우 신중합니다. 한번 읽으면 끝까지 그것 하나만 봐야 하는데, 잘못 고르면 안 되거든요. 그래서 책을 소개해 주는 일명 '북튜브'들이 유튜브에 있는 겁니다.

보통 사람들은 고가의 물건을 살 때 유튜브에 있는 리뷰 영상들을 찾아봅니다. IT기기라든가, 자동차 같은 걸 사기 전에 리뷰 영상을 찾아보죠. 반면 상대적으로 저가인 우산을 사기 위해 리뷰까지 찾아 가며 어떤 것을 살까 고르는 경우는 많지 않습니다. 그렇다면 책은 가격으로 보면 우산 가격과 비슷한데, 왜 리뷰 영상을 찾아보면서 신중하게 고를까요? 그런 행동의 근거에는 한번 책을 잡으면 끝까지 그것 하나만 봐야 한다는 생각이 깔려 있는 겁니다.

책을 직렬식으로 차례대로 읽어야 한다는 편견만 극복하면 더 많은 독서를 할 수 있습니다. 간혹 서너 권의 책을 함께 보니까 헷갈린다고 말하는 분이 있어요. 그런데 드라마를 생각해 보세요. 월화, 수목, 금토 드라마, 주말 드라마 등 여러 드라마를 함께 보지 않나요? 병렬식 독서도 이와 크게 다르지 않습니다. 안 해봐서 낯설 뿐이죠.

5. 손 닿는 곳에 책을 둔다

유튜브 알고리즘이 추천해 주는 영상을 보다가 몇 시간이 훌쩍 지나간 경험이 있을 겁니다. 포털 검색이나 SNS를 하는 데 시간을 낭비해 버리는 바람에, 스마트폰 하는 시간을 줄여야겠다고 다짐하지만 좀처럼 실천하지 못한 사람도 있을 거예요. 왜 이렇게 스마트폰에 쉽게 빠져들까요? 이유는 스마트폰이 손안에 있기 때문입니다. 너무 가까이에 있기 때문에 특별한 목적이 없어도 스마트폰을 꺼내 들어서 무언가를 할 확률이 커요.

이와 비슷하게, 독서를 많이 하는 사람들을 보면 집 안 곳곳에 책을 두는 경향이 있어요. 책을 병렬적으로 보는 습관까지 있는 경우에는 침대 협탁 위에 있는 책, 거실 테이블에 있는 책, 화장실에 있는 책 모두가 지금 읽고 있는 책인 거죠. 책을 읽고 싶을 때는 30초

안에 책을 손에 쥘 수 있는 환경을 만들어 두는 겁니다. 책을 읽고 싶다는 생각은 놀랍도록 휘발성이 강해서 30초만 지나도 '내가 도대체 무슨 생각을 한 거야?' 하고 생각이 바뀔 수 있거든요. 갑자기 울린 카톡이라든가, 관심 상품 알림, 거실에 켜져 있는 TV 등 휘발을 일으킬 스위치는 부지기수입니다. 그러니 책을 읽고 싶은 욕망이 흔적도 없이 사라지기 전에, 빨리 책을 손에 쥘 수 있도록 집 안곳곳에 책을 두고, 언제든 손을 뻗는 곳에 책이 있게 하는 것이 좋습니다.

6. 눈길이 가는 책이 있으면 사 놓는다

읽고 싶은 책이나, 마음에 드는 책, 제목이 좋은 책, 표지가 예쁜 책 등 이러저러한 이유로 마음에 든 책이 있으면 일단 사 놓기를 권합니다. 집에 책이 있으면 그것을 읽을 확률이 올라갑니다. 장기간 연속으로 쉬는 연휴에, 놀고 또 놀다가 연휴 마지막 날이 되면 너무 심심하다 못해 책을 읽고 싶은 욕구가 생길 수 있습니다. 그때 평소에 눈독 들였던 책이 곁에 있다면 바로 읽기를 시작할 수 있겠죠. 그런데 그런 생각이 들어 책을 찾아서 주문하는 단계를 거치면, 그 책이 도착하기도 전에 책을 읽고 싶은 마음은 사라질지도 모릅니다. 주문한 책이 다음 날 새벽에 바로 도착하더라도 연휴가 끝나죠. 직장인이나 학생들이 가장 힘들어한다는 연휴 다음 날이 되어 버렸으니 더더욱 책을 볼 생각은 들지 않을 거예요.

우량주에 가치투자 하듯이, 좋은 책이나 관심 분야의 책이 있다면 사 두고, 마음이 생겼을 때 바로 볼 수 있도록 하는 것이 좋습니다. 책은 필요할 때 사는 것이 아니라 기회가 있을 때 사는 것입니다. 사 놓으면 필요하다는 마음이 조금 더 많이 생기게 되거든요.

책을 내키는 대로 사기에는 경제적으로 여유가 없는 분도 있을 거예요. 그렇다면 평소에 보고 싶은 책의 리스트를 정리해 두세요. 적어도 무슨 책을 읽을지 고민하는 단계를 줄일 수 있으니까요. 이 리스트를 가지고 도서관에 가서 책을 넉넉하게 빌려 오고, 정말 읽고 싶거나 소장하고 싶은 책만 구입하세요. 이렇게 하면 책을 읽고 싶은 마음과 책을 읽는 행동의 시차를 조금이라도 줄일 수 있습니다.

7. 마감을 정해 놓는다

〈배철수의 음악캠프〉 진행자 배철수가 영화음악 작곡가 한스 짐머와 인터뷰한 이야기를 들려 준 적이 있습니다. 우리에게는 영화 〈캐리비안의 해적〉의 긴박감 넘치는 OST로 잘 알려진 한스 짐머에게 "어디서 그런 음악적 영감을 얻는가?"라고 질문했더니 예상외로 간단한 대답이 돌아왔대요. "데드라인."deadline 우리말로 '마감'이라는 뜻인데요, 마감에 쫓기다 보면 영감이 떠오른다는 현실적인 대답을 유머러스하게 한 거죠. 세계적인 거장 역시 마감이 창작의 원천이었던 것입니다.

실제로 심리학에서는 '데드라인 이펙트'deadline effect라는 말을 씁니다. 심리학자 아모스 트버스키와 엘다 샤퍼는 두 그룹의 학생들에게 똑같이 설문지를 작성해 오라는 과제를 줬습니다. 그런데 한 그룹에는 5일 후를 데드라인으로 주고, 다른 그룹에는 데드라인을 주지 않았죠. 다만 두 그룹 다 설문지를 가져오면 보상을 주겠다고 했습니다. 그런 다음 학생들의 제출률을 비교해 보았더니 데드라인이 있는 쪽은 66퍼센트의 제출률을 보인 반면, 데드라인이 없는 쪽은 25퍼센트만이 제출했다고 합니다. 데드라인이 있는 쪽의 성공 확률이 2.5배 정도 높았던 거죠.

'언제까지 해야 한다'라는 말은 '언젠가는 해야 한다'에 비해서 확실히 정언적 명령의 기능이 뛰어나죠. 그래서 독서를 할 때도 마감을 설정하는 것이 좋습니다. 다만 마감을 정할 때는 구체적일수록 수행 가능성이 더 높습니다. '이 달 10일까지 이 책을 다 읽는다'는 결심은 좀 모호합니다. 더욱 좋은 것은 실제 독서 경험을 글로 옮기고 인증을 하는 식으로 마감을 설계하는 거예요. '10일까지 책을 다 읽는다'가 아니라 '10일까지 블로그에 독서 기록을 올린다'처럼 말이죠.

블로그, 브런치, 유튜브, 인스타그램, 페이스북 등 인증을 할 기록장은 차고 넘칩니다. 남에게 보여 주기 싫으면 비공개를 선택하면 돼요. 독후감이나 리뷰 정도의 수준이 아니어도, 그야말로 이것을 읽었다는 간단한 기록이어도 상관없습니다. 하지만 막상 기록을 남기기 시작하면 약간의 리뷰가 들어갈 것이며, 다른 사람과 공유해 볼까 하는 생각도 들긴 할 거예요. 그때는 자신의 욕망과 상황에 맞게 결정하면 됩니다.

혹시라도 공개를 하면서 '매주 화요일' 하는 식으로 마감을 정해 놓으면 그야말로 빼도 박도 못하고 독서를 해야 합니다. 저의 경우에도 '매주 2회씩 유튜브에 책 리뷰를 올린다'고 정해 놓으니까 처음에는 무척 부담이 되었는데요, 나중에는 그냥 루틴이 되어서 적어도 일주일에 두 권은 읽게 되더라고요. 유튜브 초창기에 제가 일주일에 두 번 정도 리뷰를 한다는 이야기를 지인에게 했더니 "그렇게 하면 나이가 들면서 더더욱 똑똑해지는 구조가 되니까 좋으시겠어요."라고 하더라고요. 처음에는 그런가 보다 했는데, 확실히 2~3년을 하고 난 후 이전의 저와 비교해 보니, 다양한 분야의 독서를 통해 어떤 것에 관해서든 이해의 폭이 넓어졌다는 걸 느낍니다. 제가 쓰는 책의 폭도 덩달아 넓어졌죠.

다른 사람들에게 마감을 알릴 때는, 목숨 걸고 이 업로드 날짜는 지키겠다는 식으로는 하지 마세요. 목숨 걸고 해야 할 다른 중요한 일이 더 많잖아요. 드라마 본방 사수라든가, 점심식사 메뉴 고르기 같은 것들이요. 그러니까 업로드 날짜는 '가능한 지키겠지만, 못해도 할 수 없고'라는 정도의 기조가 적절합니다. 업로드 일정을 지키는 것이 너무 부담스러우면 아예 시작조차 못하게 되거든요.

이렇게 스스로 마감을 설정하고, 독서를 하다 보면 어느새 독서 근육이 늡니다. 매일 달리기를 하는 것과 마찬가지예요. 처음에는 매일 달린다는 것이 너무 부담스러워서 지키기가 힘들지만, 이것이 루틴이 되면 자기도 모르게 달리기를 하러 집 밖에 나가게 됩니다. 처음 시작할 때는 1킬로미터도 못 뛰고 헉헉대는 자신의 저질 체력을 원망하기도 하지만, 어느새 10킬로미터를 뛰고도 상쾌하게 몸풀기 운동까지 하는 자신을 발견하게 될 겁니다. 마감을 정해 습관화하세요. 지금은 90쪽짜리 책을 읽는 데도 1년이 걸리는 사람이 900쪽짜리 책도 일주일이면 읽을 정도로 발전할 수 있어요.

독서법보다 중요한 건 독서 루틴

지금까지 책을 읽는 일곱 가지 방법을 살펴보았습니다. 독서법이라는 말을 썼지만, 독서에는 법이 없습니다. 정답도 없고, 가이드도 없죠. 일곱 가지 독서법을 적용해 보되, 중요한 건 자기만의 독서 루틴을 찾는 것입니다. 그래야 독서가 습관이 되니까요. 이것저것 시도해 보면서 자신에게 가장 잘 맞고 자연스러운 방법을 찾으면 됩니다.

이 책은 그런 독서 루틴을 찾아가는 여정을 함께하며, 독서 근육을 붙여 가는 과정을 도와드릴 것입니다. 지금까지 소개한 독서법을 적용해서 책을 루틴으로 만드는 과정을 더욱 자세히 알려드리고자 합니다. 독서법을 소개만 하고 끝나는 게 아니라 독서가 습관이 되도록 더 구체적인 가이드를 주고 동기를 부여하는 동반자가 될 것입니다. 결코 앞서서 끌고 가지 않고, 여러분을 뒤따라가며 밀어드릴게요. 방향은 여러분이 결정하면 됩니다.

차례

프롤로그 | **열두 달 북클럽을 시작하며**   5

제1장 ‘**처음책**’, **최초의 독서에 관해**   27

인생에는 경력직이 없다 · 처음의 기억들 · 처음책을 떠올려 보자 ·
어린 시절 인상 깊었던 책 · 진짜 처음책 · 다르게 생각해 보자 · 처
음책 다시 읽기 · 처음책이 당신에게 남긴 것은?

+지식 탐험가의 질문

제2장 **콘텐츠가 된 책, 책이 된 콘텐츠**   49

멀티미디어가 된 책 · 영화가 된 책, 책이 된 영화 · 책이 된 강의 ·
강의를 기반으로 한 책을 읽는 요령 · 책이 강의가 되는 경우는 더
많다 · 다른 미디어와 책의 상호 작용 · 입체적 독서

+지식 탐험가의 질문

제3장 베스트셀러는 왜 베스트셀러가 되었을까? 71

시대정신이 담겨 있는 베스트셀러 · 베스트셀러를 보면 시대를 읽을
수 있다 · 오래가는 드라마셀러의 이유는? · 지금 우리의 관심을 보
여 주는 책들 · 시대와 책을 같이 읽는다

+지식 탐험가의 질문

제4장 진땀 나는 과학책을 읽어내는 법 93

미분은 배워서 어디에 쓸까? · 잘 쓰인 과학책은 인문학을 품고 있
다 · 과학책을 읽는 요령 · 《이기적 유전자》에 관한 오해 · 과학책을
읽는다는 것

+지식 탐험가의 질문

제5장 눈을 뗄 수 없는 책들, 몰입감의 비밀 115

어떤 책이 잘 읽힐까? · 책에 몰입감을 더하는 추리 기법 · 스토리도
중요하다 · 몰입하기 힘든 책을 몰입해서 보는 비법 · 독서의 몰입감
을 높이는 마지막 요소 · 이성적 감정이입법

+지식 탐험가의 질문

제6장 어떤 책들이 밀리언셀러가 될까? 137

시대의 흐름이 호출하는 책 · 《연금술사》가 지금도 사랑받는 이유 ·
신의 한 수로 꼽히는 제목 · 세대 간의 간극 때문에 히트한 책 · 밀리
언셀러는 사회의 흐름에서 나온다

+지식 탐험가의 질문

제7장

고전이 고전인 이유   155

고전이 고전인 이유 · 해석의 여지가 많다 · 인간의 본질을 다룬다 ·
고전에 머물지 않아야 고전이 된다 · 고전을 읽는 가장 좋은 방법

+지식 탐험가의 질문

제8장

한 분야를 대표하는 책의 조건   173

어떤 분야에 대해 알고 싶다면 · 지루해도 의미 있는 책을 고르자 ·
그 분야를 만들어 낸 책도 있다 · 환경에 대한 인식을 처음으로 만든
책 · 새로운 분야와의 우연한 만남을 꿈꾸며

+지식 탐험가의 질문

제9장

좋은 에세이를 고르는 방법이 있을까?   189

문장이 말을 걸어오는 에세이의 마법 · 에세이에서 메시지는 그다지
중요하지 않다? · 에세이는 자기 자신을 만나게 해주는 동굴 · 자신
에게 맞는 에세이를 고르려면

+지식 탐험가의 질문

제10장

독서에 있어 노벨 문학상의 의미   203

노벨 문학상 수상작들의 공통점 · 아프리카 문학을 읽다 · 《눈먼 자
들의 도시》가 선사한 근사한 낯섦 · 도입부 문장으로 유명한 《설국》
· 상을 타지 않아 더 유명한 작가 · 노벨 문학상 작품을 읽는 의의

+지식 탐험가의 질문

제11장 '벽돌책'을 격파하는 법 223

두꺼운 책을 대하는 자세 · 정공법으로 접근하기 · 완벽하게 읽을 필요는 없다 · 시작이 반이다 · 다른 미디어를 적절히 활용하자

+지식 탐험가의 질문

제12장 누구나 '인생책' 한 권쯤은 있다 241

당신의 선택이 정답이다 · 인생책으로 많이 꼽히는 책의 경향성 · 인생책 분류 1 : 위로와 역경의 이야기 · 인생책 분류 2 : 깨달음의 이야기 · 인생책 분류 3 : 광대하고 심오한 이야기 · 인생책 분류 4 : 독특하고 특이한 느낌을 주는 책 · 인생책은 매년 바뀌는 것이 좋다

+지식 탐험가의 질문

에필로그 | 모두 행복한 책 읽기 하시기를 264

제1장

'처음책',
최초의 독서에 관해

#처음책

#보물섬

#임포스터

인생에는 경력직이 없다

인생을 경력직으로 시작하는 사람은 없죠. 누구나 신입입니다. 누구에게나 태어나서 겪는 모든 일은 다 처음입니다. 영화〈미나리〉를 통해 세계적인 배우가 된 윤여정은 몇 년 전 한 예능 프로그램에서 "60이 되어도 몰라요. 이게 내가 처음 살아보는 거잖아. 나 예순일곱 살이 처음이야."라고 말해서 많은 분에게 공감을 얻었죠.

우리는 매해 새로운 나이를 맞이하게 되는데, 그 나이는 우리에게 언제나 처음이에요. 매일이 반복되는 것 같지만 오늘이라는 날짜 역시 사실은 우리 모두 처음 겪는 날입니다. 오늘은 올해의 10월 19일이지만, 내일이 되어 맞이하는 오늘은 10월 20일이겠죠. 1년 후에는 해가 바뀐 10월 19일 것이고요. 그러므로 우리의 오늘은 처음이자 다시는 오지 않을 유일한 날이기도 합니다.

영화 〈아비정전〉에서 장국영은 마음에 드는 여성에게 가만히 1분만 같이 시계를 들여다보자고 말합니다. 그리고 얘기하죠. "1960년 4월 16일 3시 1분 전, 당신과 여기 같이 있고, 당신 덕분에 난 항상 이 순간을 기억하겠군요." 지금 이 순간의 유니크함을 표현한 멋진 말이죠(사실 이 말을 처음 들었을 때 탁월한 작업 멘트라는 생각이 들었는데, 시간이 지나서 다시 보니, 역시 그렇네요).

이렇게 하루하루가 유니크하고 우리 모두에게 처음인데도, 이상하게 그런 느낌은 잘 들지 않죠. 그건 아마 오늘을 어제처럼 살기 때문인 것 같아요. 반복과 정체가 비슷한 하루를 만들어 내서, 타임 슬립에 걸린 것처럼 같은 날이 무한 반복되는 것처럼 느껴지잖아요.

처음의 기억들

———

이처럼 반복되는 하루하루를 일깨워 주는 것이 바로 처음 한 경험, 처음 느낀 감각이 아닌가 싶습니다. 사실 처음으로 눈을 뜨고, 처음으로 몸을 뒤집고, 처음으로 두 다리로 일어서는 등 우리가 겪은 '처음'은 무수히 많지만, 처음의 강렬함이 기억으로 남는 경우는 한정적입니다. 처음으로 아르바이트를 해서 돈을 벌었던 기억,

처음으로 친구들끼리 간 여행, 처음으로 술집에서 술을 마셨던 기억, 처음으로 혼자서 버스를 탔던 기억 등 사람마다 인상 깊게 남은 '처음의 기억'은 다 다를 거예요.

저는 여러 종류의 첫 기억 중에서도 유난히 비행기를 처음 탔던 기억이 아릿하게 남아 있어요. 이런저런 이유로 비행기를 탈 기회가 좀처럼 없어서 스무 살이 넘고도 4~5년이 지나서야 처음 비행기를 타게 되었거든요. 그런 사정을 아는 친구들이 저한테 '비행기 탈 때 카페트가 있으니까 신발 벗어야 한다'고 놀려 대곤 했습니다. 평소에 그런 말을 들으면 무시했지만, 막상 비행기를 탈 때가 되니까, 혹시나 해서 비행기에 들어가기 직전에 멈칫하고 다른 사람들을 보게 되더라고요. 진짜 비행기 바닥에 카펫이 깔려 있더라니까요.

설레던 처음, 재미있었던 처음, 조금은 무서웠던 처음, 아직도 마음 아픈 처음 등 무수히 많은 처음이 우리 인생 가운데 있었습니다. 여러분에게 인상 깊게 남은 처음의 기억은 어떤 것들이 있나요? 이미 희미해진 기억도 있을지 모르겠습니다. 그중에 하나, 다 죽어가는 흐릿한 기억을 꺼내 다시 한번 채색을 해봅시다.

처음책을 떠올려 보자

―――

'처음책'이 혹시 기억나나요? 이 기억을 되살리기 전에 먼저 '처음책'이라는 단어에 대해 설명해야 하는데, 사실 이 단어는 사전적 정의가 있는 말이 아니라, 제가 제안하는 용어입니다. 그래서 처음책의 기준에 대해 먼저 설명할게요.

처음책을 말 그대로 '태어나서 처음 읽은 책'이라고 정의하는 것은 의미가 없는 일입니다. 그럼 엄마가 읽어 준 책도 처음책일까요? 유치원에서 받은 교재도 해당이 될까요? 사실 여기서 말하는 처음책은 실제로 처음 읽은 책을 찾자는 게 아니에요. '자신이 어릴 때 읽었던 책 중에 유난히 기억에 남는 책'을 생각해 보자는 것이죠. 어릴 때 읽었던 책 중에 가장 앞선 기억에 있는 책을 '처음 읽은 책'이라고 해 두자는 거예요. 흔히 얘기하는 '인생책'이나 '내 인생을 바꾼 책'은 어른이 되어서도 나타날 수도 있고, 아직 안 나타났을 수도 있습니다. '처음 읽은 책'이라는 말을 '인생책'같이 생각하지는 말고, 그냥 생각나는 책 중에, 가장 어렸을 때 읽은 책은 무엇일까 생각해 보자는 가벼운 제안입니다. 너무 부담 갖지 마세요.

어린 시절 인상 깊었던 책

저의 경우에는 《보물섬》이나 《로빈슨 크루소》, 《셜록 홈즈》 같은 책을 굉장히 좋아하며 읽었던 기억이 납니다. 그중에서도 로버트 루이스 스티븐슨의 《보물섬》은 강렬한 반전 때문에 굉장히 기억에 남는 작품입니다.

《보물섬》은 후대에 다양한 문화적 영향을 끼쳤다는 점도 의미가 있지만, 무엇보다 작품 자체로도 정말 재미있는 작품입니다. 제가 북튜브를 하면서 보람을 느끼는 때가 이런 작품을 다시 발굴해서 소개하는 때입니다. 사실 《보물섬》은 아동문학으로 취급되는 경우가 많고, 어린 시절에는 간단하게 줄거리 위주의 다이제스트 판으로 읽는 경우가 대부분이지만, 완역본으로 보면 보물이라는 욕망 앞에 드러난 인간의 탐욕을 적나라하게 그린 문학입니다. 어린이 문학이라고 하기에는 사람이 죽는 것도 나오고, 심지어 주인공이 해적을 직접 처치하기도 하죠. 무엇보다 반전에 반전을 거듭하는 구성이 지금의 대중소설 못지않습니다. 혹시 모르는 분들을 위해 《보물섬》의 줄거리를 알려드리면 다음과 같습니다.

소년 짐 호킨스의 가족이 운영하는 여관에 어느 날 선장 한 명이 묵으러 옵니다. 그런데 이 선장이 갑자기 죽고, 짐은 그가 가진 보물섬 지도를 손에 넣게 됩니다. 짐은 의사 리브지, 지주 투리로니 그리고 어느 배의 선장 및 선원들과 함께 원정대를 꾸려 보물섬을 찾아 떠나죠.

이 배에서 짐은 외다리의 사나이 존 실버와 친해지는데, 알고 보니 실버는 죽은 선장이 이끌던 배의 선원이었고, 몰래 탄 해적들과 함께 반란을 일으키려 한다는 사실을 알게 됩니다. 짐은 이 사실을 의사와 지주 그리고 선장에게 알려 대책을 강구합니다.

배가 섬에 닿자 이들은 실버 일행보다 먼저 섬에 내려 둘러보다가, 3년 전에 섬에 버려진 벤 건이라는 해적을 만나 한편이 됩니다. 그리고 이들은 섬의 요새와 같은 오두막을 점령해 실버가 이끄는 해적 일당과 싸우죠. 그런데 짐이 배를 탈환하고 돌아오니 오두막은 실버 일당에게 점령되어 있었고, 짐은 인질로 잡히게 됩니다. 이 과정에서 짐에게 잘 대해 주려던 실버는 동료들에게 미움을 사죠.

어쨌든 실버 일당은 의사에게서 뺏은 지도로 보물을 찾았는데 텅 빈 궤짝만 놓여 있는 거예요. 알고 보니 의사와 벤 건이 보물을 먼저 찾아 동굴에 숨겨 놓았던 것! 의사 일행은 망연자실한 해적 일당을 무찌르고 짐을 구출하는데, 이 과정에서 실버는 짐에게 붙어 승리에 일조합니다. 그리고 일행이 보물을 가지고 고향으로 돌아오는 중간에 실버는 보물의 일부를 가지고 사라지죠.

이 소설은 무엇보다 뛰어난 캐릭터들을 자랑합니다. 실버 선장은 이후 해적의 스테레오 타입이 되었다고 하죠. 스테레오 타입이란 '판에 박힌 이미지' 정도로 이해하면 되는데, 지금 우리가 해적하면 떠올리는 긴 제복과 삼각모, 외다리, 어깨 위 앵무새, 머스킷 권총, 보물, 럼주 같은 것의 시초가 바로 실버 선장입니다. 그리고 짐은 항상 규칙을 어기고 제멋대로 행동하는데, 이게 결국에는 일행들을 구출하는 계기가 돼요. 할리우드 영화에서 흔히 나오는 주인공 소년의 모습이죠. 말썽을 피우지만 결국에는 그것으로 인해 사건이 해결되니까요. 그러니까 짐은 이후 모험소설이나 영화에 나오는 소년 주인공의 스테레오 타입이라고 볼 수 있어요.

작품적으로 보자면 이 작품은 지금 읽어도 반전에 반전을 거듭하는 데다 문체나 구성도 긴박하고 흥미롭게 구성되어서 읽는 재미가 좋은 작품입니다. 하지만 반전에 반전을 거듭한다는 것은 계속 독자들의 뒤통수를 때린다는 것이죠. 그중에서도 어린이들에게 가장 충격적인 건, 좋은 사람인 줄 알고 감정이입을 했는데, 그 사람이 알고 보니 나쁜 사람이라는 사실이겠죠. 주인공인 짐에게 다정했던 실버가 알고 보니 해적이라는 대목에서는 당시 어린 독자들이 울음을 터뜨렸다는 이야기도 있습니다. 〈스타워즈〉에 나오는 "I'm your father."(아임 유어 파더)라는 대사의 반전보다 앞선 충격적인 반전이었다고 해요.

나는 존이 태연스레 그 섬을 안다고 하는데 질려 버렸다. 그리고 그가 내게로 좀 더 가까이 다가오는 것을 보고 나는 솔직히 거의 벌벌 떨고 있었다. 내가 사과 통 속에서 그의 작전 회의를 엿들었다는 것을 그는 분명 모르고 있었다. 그런데도 그의 잔인함과 이중성, 그리고 위력이 무서워 그가 내 팔 위에 손을 얹었을 때 나는 몸서리쳐지는 공포를 숨길 수가 없었다.

실버가 말했다. "아 여긴 참 좋은 곳이야. 이 섬 말이야. 젊은 놈이 상륙해 살기엔 그만인 곳이지. 해수욕도 하고 나무에도 오르고 산양도 잡고, 너 하고 싶은 대로야. 또 너 스스로 산양이 되어 저 산 위에서 놀 수도 있어. 어허, 내가 다 젊어지겠는걸. 목발마저 잊어먹을 판이야. 젊다는 건 좋은 거야. 그리고 발가락 열 개가 다 성한 것만으로도 말이지. 정말이야. 너 조금이라도 가 보고 싶은 마음이 있으면 꼭 이 늙은 존에게 말해라. 너 먹을 요깃거리라도 만들어 줄게."

그리고는 내 어깨를 살갑게 톡톡 치고는 절뚝거리며 앞으로 걸어가더니 밑으로 내려가 버렸다.[1]

다정했던 실버가 알고 보니 모든 해적이 두려워한다는 바로 그 외다리 사나이라는 사실을 주인공이 알게 된 상황에서, 실버는 태연스레 주인공에게 다정한 연기를 하는 대목입니다. 대놓고 무섭게 그리는 것보다 조금 더 소름 돋는 공포감을 주는 장면이죠. 이 작품의 진정한 가치는 '돈 앞에서는 믿을 사람 없다'는 자본주의적 교훈을 준다는 데 있는 게 아닐까요?

진짜 처음책

여기서 저의 반전이 있습니다. 기껏 이렇게 《보물섬》에 대해 이야기했지만, 저의 처음책은 이 책이 아니라는 사실이죠. 저의 처음책은 한동안은 제목도 모르던 SF소설인데, 《보물섬》의 반전보다 더 강렬한 반전이 기억에 남아 있어요.

그 책은 초등학교 때 동네 도서관에서 읽었던 책인데, 굉장히 인상이 깊었고, 무엇보다 공포스러웠어요. 책 장르가 공포가 아닌데도 책의 상황들이 현실적인 공포를 스멀스멀 일으키더라고요. 책의 내용은 생생히 기억하는데 아이러니하게도 책의 작가와 제목은 완전히 잊어버렸습니다. 도대체 무슨 책이었을까 찾아보려고도 해봤지만 SF라는 것만 알지 다른 단서가 없다 보니 막막하더라고요. 그리고 무엇보다 절실하지는 않아서, '그냥 내용만 기억하면 되지 뭐'라고 생각하고 말았습니다.

그러다 최근에 유튜브에서 영화를 소개해 주는 채널을 보는데 바로 그 책의 내용이 나오는 거예요. 너무 반갑기도 하고 놀랍기도 해서 영화 정보를 보니, 과연 원작소설이 있었어요. 그리고 그 원작소설은 생각보다 너무 가까이 있었더라고요. 그 책은 바로 필립 K. 딕의 《사기꾼 로봇》(집사재, 2004)이고, 이를 영화한 것이 〈임포스터〉입니다. 필립 K. 딕은 그야말로 SF 소설의 마스터 같은 사람으로 《마이너리티 리포트》, 《블레이드 러너》, 《넥스트》, 《토탈 리

콜》같이 영화화된 소설을 많이 썼습니다. 그리고 저의 처음책인
〈사기꾼 로봇〉도 영화화되었어요. 주연이 게리 시나이즈인데, 이
름만 들으면 잘 모를 수 있지만 미드 〈CSI 뉴욕〉을 본 사람이라면
맥 반장 역의 배우를 기억할 거예요.

  '임포스터'impostor라는 제목의 뜻은 (다른 사람 행세를 하는) '사기
꾼'입니다. 사실 이 제목이 줄거리를 암시하죠. 평범한 하루를 시
작한 스펜스 올햄은 어느 날 출근을 하다가 납치를 당해요. 그를
납치한 사람들은 정부 비밀기관 사람들로 올햄에게 외계 행성에 온
스파이 로봇이라는 혐의를 씌웁니다. 이 정부요원들은 이야기를
들어 볼 생각도 안 하고 너무나 위험한 폭발 장치가 올햄의 몸 안
에 있다며 그를 죽이려고만 해요. 특정한 말을 내뱉게 되면 폭탄이
터지게 되어 있기 때문에 그 말을 하기 전에 죽여야 한다는 거죠.
  올햄 입장에서는 너무나 억울하잖아요. 그래서 탈출하는 길을
택합니다. 탈출에 성공한 올햄은 아내와 연락을 해서 자신의 의료
기록을 확인해 줄 의사를 찾아 달라고 하지만, 그걸 예상한 정부요
원들에 의해 다시 체포당할 위험에 처해요. 결국 외계 행성에 불시
착한 우주선 앞에서 마주친 올햄과 정부요원들은 우주선 안에서
올햄의 시체를 발견하게 됩니다. 그 순간 올햄은 "저게 올햄이라면
나는……." 하고 스스로를 의심하는 말을 하는데, 그 순간 폭발하
죠.

"만지지 말게 터질 수도 있어. 나중에 해체 팀이 와서 해결하는 게 더 나아." 올햄이 말했다.

넬슨은 한마디도 하지 않았다. 갑자기 그는 시체의 가슴 속으로 손을 집어넣어 금속물질을 잡았다. 그리고 당겼다.

"무슨 짓이야?" 올햄이 소리쳤다.

넬슨이 일어섰다. 그는 금속 물질을 꼭 쥐고 있었다. 넬슨의 얼굴이 공포로 질렸다. 그가 쥐고 있는 것은 금속 나이프, 외계의 첨단 나이프였다. 그리고 피로 뒤덮여 있었다.

"이것으로 그를 죽였어. 내 친구는 이것으로 살해당한 거야." 넬슨이 중얼거렸다.

그는 올햄을 보았다. "네가 이것으로 내 친구를 죽인 다음 우주선 옆에 버렸어."

올햄은 몸을 떨었다. 이빨이 덜덜거리며 부딪혔다. 그는 나이프와 시체를 번갈아 보았다. "이것이 올햄일 리가 없어." 그가 말했다. 모든 것이 뒤죽박죽되어 가슴을 조여 왔다. "내가 잘못 안 거야?"

그는 넋이 나간 듯 멍했다.

"저게 올햄이라면, 나는……."

그는 말을 채 끝마치지도 못했다. 첫마디 말을 한 순간, 무시무시한 폭발이 일어났으므로. 멀리 알파 센타우리까지 폭발이 목격되었다.[2]

제가 어렸을 때 이 소설을 읽고 너무나 인상 깊었던 부분이 바로 이 점입니다. 보통은 주인공과 공감하며, 주인공이 억울한 누명을 벗기를 바라잖아요. 특히 마지막에는 거의 누명이 벗겨졌는데, 알고 보니 주인공이 누명을 쓴 게 아니라 진짜 폭발 로봇이었던 거죠. 자신도 자신이 로봇인 줄 몰랐던 것이고, 자신이 혹시 로봇이 아닐까 정체성을 의심하는 순간 폭발하게 설계되어 있었던 겁니다.

다르게 생각해 보자

저는 이 반전 때문에 정말 흔한 표현이지만 '충격과 공포'를 느꼈어요. 내가 '내'가 아니고, 내 기억이 진짜 '내 기억'이 아닐 수 있다는 가능성이 손톱만큼이라도 생기니까, 그대로 자신이 구축했던 경험의 세계가 무너지는 거예요. 뭐 이렇게 거창하게 얘기했지만, 어린 시절의 사고 구조에 비유하자면 '나는 주워 온 자식일 수도 있지 않을까?' 같은 느낌이었죠.

개인의 정체성이 조작되고 왜곡될 수 있고, 자신이 가짜인 것을 자신도 모를 수 있다는 생각은 그야말로 당시 제가 가졌던 상식을 파괴한 일이었습니다. 《보물섬》이 '믿을 만해 보이는 사람도 반드시 믿을 수 있는 것은 아니다' 정도였다면 《사기꾼 로봇》은 '그러

는 너 자신도 사실은 믿을 수 없다'고 말하는 겁니다.

  '사기꾼'이라는 뜻의 제목으로 돌아가 보죠. 사기꾼은 자기가 사기를 친다는 것을 알고 치기 때문에 사기꾼인 거잖아요. 그런데 자신도 자신이 사기를 친다는 것을 모르면서 사기를 치게 되는 경우도 생길 수 있다는 것이죠. 이런 경우 이것이 과연 사기인가 하는 의문도 듭니다.

  요즘 우리는 개인주의의 시대에 살고 있다는 말을 많이 하잖아요. 이기주의와 다른 개인주의는 꽤 선호되고 있습니다. 그런데 개인주의의 전제는 다른 사람은 다 의심스러울 수 있지만, 개인주의의 주체가 되는 자기 자신만은 의심할 수 없다는 것입니다. 그런데 《사기꾼 로봇》은 그런 나 자신조차도 의심할 수 있다는 이야기입니다. 자신이 한 번 세운 생각, 한 번 느낀 느낌만을 진실이라고 믿으며 모든 것을 그 잣대로 생각하게 되지만, 사실 언제나 의심해야 하는 게 자기 자신일 수도 있어요. 선입견, 편견 같은 것들을 스스로는 주관, 줏대라고 해석하는 경우도 있거든요.

  자기도 자기가 누구인지 모르고, 그래서 스스로를 의심하는 순간이 가장 위험하다는 이야기를 하는 이 소설을 보고 '세상에 당연한 것은 없다. A가 보인다고 반드시 A라고 생각하지 말고, 다르게도 생각해 보자'라는 교훈을 어린 저는 깊게 새겨 넣었습니다.

처음책 다시 읽기

———

제가 처음책을 이야기하는 이유는 바로 이것입니다. 처음책으로 기억에 남은 책은 강렬한 기억을 여러분에게 심어 주었을 겁니다. 아마 어릴 때이기 때문에 자신의 사고, 감성, 태도, 인성 등에 일정 정도 영향을 주었을 것입니다. 처음 책을 다시 한번 떠올려 보고, 처음 책으로 기억에 남겨진 이유를 생각해 본다면 지금 자신의 모습을 더 잘 이해할 수 있지 않을까 싶어요.

그리고 성인이 된 여러분은 지금 책 읽기에 흥미를 가지려고 하잖아요. 그렇다면 어린 시절 기억 속에 있는 처음 책을 끄집어내서 다시 읽어 보는 것으로 시작해 보면 어떨까 해요. 사실 꼭 어린 시절에 읽은 책이 아니어도 됩니다. 꽤 강렬한 기억과 인상을 준 책이면 되거든요. 이런 책은 일단 한 번 읽은 것이기 때문에 낯익죠. 처음 책으로 보았을 때의 그 감정과 생각이 여전히 생생히 다가옵니다. 그러면서도 '어! 이게 이런 뜻이었어?' 하고 예전에 읽었던 느낌과 다른 지점을 발견하고 깜짝 놀라는 경우도 있습니다. 다시 읽었을 때는 다른 것들이 눈에 들어오면서 낯선 감각을 발견하게 돼요. 특히 어린 시절 읽었던 어린이 문학을 완역본으로 읽으면 완전히 다른 내용이 다가오는 경우도 있습니다. 그때의 나와 지금의 나는 어떻게 다른지 생각해 보는 계기가 되어서 흥미롭고 유익한 경험이 될 거예요.

처음책이 당신에게 남긴 것은?

———

저는 《사기꾼 로봇》을 읽은 후, 당연한 것을 당연하게 보지 않겠다고 다짐했고, 그런 버릇은 지금도 습관이 되어 남아서 사물이나 사건들을 조금은 다르게 보려는 시선을 유지하고 있습니다. 요즘 같은 세상에 사물의 이질적인 면에 대해서 한 번 더 생각하고, 사건의 다른 면을 보려고 노력한다는 것은 하나의 차별점이 되면서 경쟁력이 될 수 있죠. 자신을 의심하는 것은 얼핏 부정적으로 보이지만, 반드시 그렇지는 않습니다. 자신의 능력을 의심하라는 것이 아니라, 자신의 생각을 의심하라는 것이에요. 자신의 능력은 조금 더 믿고, 자신의 생각은 조금 더 의심해 보라는 거죠.

능력은 자신감에서 나오는 부분도 있으니 필요 이상으로 믿는 게 좋습니다. 그런데 생각은 의심받지 않고 놓아 두면 그대로 고인 물이 됩니다. 자유론처럼 웅장하게 갈 것도 없고 소소하게 지금 주변만 둘러봐도 알 겁니다. 이미 형성된 자신의 생각이 유일하게 옳은 생각이라고 믿어 버려서 문제가 되는 사람들이 바로 보일 거예요. 흔히 '꼰대'라고 불리는 사람들이죠. 꼰대는 나이의 문제가 아닙니다. 생각의 완고성의 문제고, 그것을 주변에 강요하는 것의 문제예요. 나이든 사람들이 주변에 더 영향력이 있다 보니 꼰대로 더 눈에 띌 뿐 젊은 사람들 중에서도 한번 형성된 생각은 절대로 바꾸지 않는 사람이 많습니다. 남들의 의견보다는 자신의 의견만 중요

하고, 대화는 다른 사람을 설득하기 위해 하는 것이지 절대 설득당
하기 위해 하는 것은 아니라고 생각하는 사람들이죠. 이런 사람들
은 이미 꼰대입니다.

얼마 전에 어떤 회사에 방문했는데, 한 직원이 부장님에게 부탁
받은 샌드위치를 사다 주더라고요. 샌드위치 하나는 보통 두 쪽이
들어 있잖아요. 부장님은 그 직원에게 고마움을 표하고 싶었던지,
샌드위치 한쪽을 주면서 먹으라고 하더라고요. 그랬더니 직원이
"저는 배불러서 괜찮습니다."라고 했어요. 예의상 하는 말이 아니
라 정말 배불러서 안 받는 게 누가 봐도 보이는데, 부장님은 이러
는 거예요. "아니 그래도 내가 주는데, 안 먹을 거야?" 윗사람이 주
면 아랫사람은 어떤 경우에도 받아야 한다는 오래된 고정관념을
부장님은 바꿀 생각이 없어 보였습니다. 받는 사람의 의견 따위는
중요하지 않은 거죠.
저는 직업 자체가 가르치고, 알려 주고 정보를 전달하는 일이다
보니 아는 것을 이야기할 때 자칫 '아는 것의 함정'에 빠지기 쉽습
니다. 그래서 나보다 모르는 사람의 이야기는 덜 귀담아듣게 되기
도 하는데요, 그런 저를 잡아 주는 역할을 하는 것이 저의 처음책
입니다.

지금까지 저의 처음책을 이야기했어요. 여러분의 처음책은 어

떤 책인가요? 그리고 그 처음책은 여러분에게 어떤 생각을 하게 했나요? 지금의 여러분, 그리고 여러분의 생각을 만드는 데 어느 정도의 영향을 미쳤을까요?

의식하지 못할지는 몰라도 자신이 읽은 책 한 권이 자신의 인생에 큰 궤적을 남기는 경우가 많습니다. 그러니까 당신의 독서는 곧 당신인 셈이지요. 당신의 독서 흔적은 지금까지의 항해를 설명해 주고, 독서 계획은 앞으로의 항해를 안내해 줍니다.

책은 향기와 같습니다. 연인과 헤어졌을 때 가장 슬프게 추억을 자극하는 것은 냄새라고 하죠. 즉각적이고 자극적인 것은 아닐지 몰라도 책은 냄새처럼 기억에 남아 은근히 우리의 인생을 좌지우지하고 있다니까요.

다시 읽어 보고 싶은 처음책은 어떤 책인가요?

그때 인상 깊었던 포인트는 어떤 것인가요?

다시 읽고 비교해 보면 어떤 점이 다를까요?

다시 읽어 보고 싶은 처음책은 어떤 책인가요?

그때 인상 깊었던 포인트는 어떤 것인가요?

다시 읽고 비교해 보면 어떤 점이 다를까요?

다시 읽어 보고 싶은 처음책은 어떤 책인가요?

그때 인상 깊었던 포인트는 어떤 것인가요?

다시 읽고 비교해 보면 어떤 점이 다를까요?

제2장

콘텐츠가 된 책, 책이 된 콘텐츠

#멀티미디어 책
#해리 포터
#마이클 센델
#북튜버

멀티미디어가 된 책

OSMU_{one source multi-use}라고 하죠. 하나의 소재를 다른 장르에 적용하는 것. 최근에는 책을 출간하는 것으로 끝나는 게 아니라, 책에서 여러 콘텐츠가 파생하는 경우가 많습니다. 책이 일종의 콘텐츠 베이스캠프 역할을 하는 거죠. 예전부터 소설은 영화나 드라마의 원작이 되는 일이 자주 있었습니다. 심지어 바다 위에 떠 있는 노인 한 명만 나오는 이야기도 영화화되었잖아요. 어니스트 헤밍웨이의 《노인과 바다》 말입니다.

근래 들어서는 이런 경향이 더 짙어졌어요. 지난 10여 년간 극장가의 대장주로 영화계를 호령했던 마블은 만화책 기반의 콘텐츠 그룹입니다. 라이벌인 DC 역시 뿌리는 만화책을 발행하는 회사죠. 이 두 기업은 오랜 기간 만화로 쌓아 온 캐릭터들과 스토리를 활용해서 영화를 만들었는데, 그러다 보니 탄탄한 세계관과 친근한 캐릭터에다 새로운 조합까지 어우러져서 거대한 사가_{saga}가 탄생했습니다.

마이클 크라이튼의 소설에서 시작된 영화 〈쥬라기 공원〉 역시 리부트까지 거듭하며 세계적인 흥행 신화를 써 내려가고 있죠. 이 공룡들이 도무지 죽지를 않아요. 이렇게 끈질긴 생명력을 가지고 있는데 왜 멸종했는지 모르겠어요.

《셜록 홈즈》 같은 경우는 너무나 많이 영화화되었기 때문에 요즘 아이들은 그게 책인지 잘 모르는 경우도 있어요. 《셜록 홈즈》를 또 다시 영화화하는 것이 지겹다 싶었는지, OTT 업체인 넷플릭스는 셜록 홈즈의 라이벌이라고 할 수 있는 대도 뤼팽을 복원했죠. 〈뤼팽〉 시리즈를 공개하면서 모리스 르블랑의 대도를 오늘날의 파리에 데려다 놓았습니다. 그러고 보니 역사상 가장 긴 시리즈를 자랑하는 〈007〉 시리즈 역시 이안 플레밍의 소설을 원작으로 하고 있습니다. 이처럼 픽션이 영화나 드라마로 만들어지는 예는 정말 많습니다.

논픽션 역시 책에서 진화해서 다른 콘텐츠로 만날 수 있기도 합니다. 책 내용을 바탕으로 한 강연, 인터뷰나 오디오 콘텐츠가 그것이죠. 특히 최근 몇 년간은 외국에서 번역되어서 들어온 논픽션 중에서 'TED 강연에서 크게 히트했다'는 광고 문구가 붙은 경우가 많았어요. 강연이 좋아서 그것을 발전시켜 책을 만들기도 하고, 반대로 책이 좋아 그 내용으로 강연도 하다 보니, 같이 히트하기도 하는 거죠.

따라서 책 읽기에 취미를 붙이려고 결심했다면 멀티미디어를 활용하는 것도 방법입니다. 예를 들어 영화를 본 다음 원작 소설을 읽으면 내용이 낯설지 않아서 술술 읽힐 수 있겠죠. 혹은 책을 읽기가 너무 힘들 때 영상 콘텐츠가 있다면 그것을 활용해서 도움을 받을 수도 있습니다. 영상과 책의 차이를 비교하는 것도 꽤 재미있습니다.

영화가 된 책, 책이 된 영화

책이 영화화된 것 중에서 역대 최고의 흥행을 기록한 작품은 단연코 《해리 포터》입니다. 예전에 JTBC 예능 〈한끼줍쇼〉에서 제가 사는 집을 찾아온 적이 있었습니다. 그때 왔던 연예인 중에 걸그룹 '공원소녀'의 레나가 있었는데, 북튜브 얘기를 하던 중에 자신의 '인생책'이 《해리 포터》라고 하더라고요(참고로 그때 레나는 고등학교 2학년이었습니다). 사실 저는 '재미있는 책이긴 하지만, 인생책까지?'라고 속으로 생각했었죠.

그런데 나중에 제가 가르치는 대학생들을 대상으로 '인생책이 무엇인가'를 묻는 설문조사를 한 적이 있었습니다. 200여 명의 학생들이 대답을 했는데, 압도적인 1위로 꼽힌 것이 바로《해리 포터》였어요. 많은 사람에게《해리 포터》는 '인생책'이라고 할 만큼 인상적인 책이었던 겁니다. 이처럼《해리 포터》는 영화를 먼저 접한 뒤에 책을 읽는 경우가 많으니, 책 읽는 데 막힘이 없고, 조금 더 즐겁고 수월하게 읽는 경험을 하게 되었겠죠.

반대로 영화가 먼저 나오고 책이 읽히는 경우도 있습니다.

서울대는 수시 입시를 위한 자기소개서에 자신에게 각자 큰 영향을 준 책 두 권을 선정하고 이유를 기술하도록 하고 있어요. 그리고 서울대는 합격생들이 자소서에 쓴 책들을 통계 내서 2년에 한 번 발표를 합니다. 어떤 책이 많이 선정되었는지 알려 주는 거죠. 이 리스트에서 매번 20위 안에 드는 책 중에 헤르만 헤세의《데미안》같은 책은 100여 년 된 고전이고, 양자역학을 이야기하는 하이젠베르크의《부분과 전체》는 과학사에서 중요한 책입니다. 이런 책들이 이 리스트에 보이는 것은 이해할 만하지만 N. H. 클라인 바움의《죽은 시인의 사회》가 포함된 것은 조금 의외였습니다. 이 책은 책이 먼저가 아니라, 영화로 만들어져서 많은 사람에게 감동을 준 후, 그 감동을 조금 더 끌어가려는 의도로 만들어진 책이거든요. 그러니까 영화를 소설로 옮긴 겁니다. 이런 경우 책의 오리지널리티originality가 떨어지다 보니, 책은 그다지 안 읽히는 경우가 많은데요,《죽은 시인의 사회》는 서울대생이 많이 읽은 책 20위 안에까지 들어가서 '책 자체'로 자리 잡은 것이죠.

그 이유는 학업에 지친, 그리고 청춘이 주는 혼란과 불안이 버거운 청춘들에게 주는 이야기의 메시지 때문일 것입니다. 주인공인 키팅 선생님이 학생들과 기념 전시관의 전시실에 붙어 있는 졸업생들의 사진을 보면서 말한 대사는 너무나 유명하죠.

"이 사람들 가운데 소년 시절의 꿈을 마음껏 펼쳐본 사람은 과연 몇이나 될까? 대부분 지난 세월을 아쉬워하며 세상을 떠나 무덤 속으로 사라져 갔을 것이다. 능력이, 시간이 없어서 그랬을까? 천만에! 그들은 성공이라는 전지전능한 신을 뒤쫓는 데 급급해서, 소년 시절 품었던 꿈을 헛되이 써버리고 말았던 것이다. 결국 지금은 땅 속에서 수선화의 비료 신세로 떨어지고 만 것이다. 하지만 좀 더 가까이 다가가면, 이들이 여러분에게 속삭이는 소리가 들릴 것이다. 자 들어봐! 어서 와서 들어 봐!"

그는 다시 학생들을 재촉했다.

"사진에 귀를 대 봐! 어서! 들리지? 뭐가 들리지?"

학생들은 조용했고, 몇몇 학생들은 주저하면서도, 사진에다 귀를 갖다 대 보았다. 그 순간 어디선가 나지막이 속삭이는 소리가 들려왔다. 학생들은 일순간 알지 못할 전율을 느꼈다.

"카아르페에 디이엠……."

키팅이 쉰 목소리를 내며 나지막이 속삭이고 있었다. 그리고 계속해서 다그치듯 말했다.

"오늘을 즐겨라! 자신들의 인생을 헛되이 낭비하지 마라!"

학생들은 모두 깊은 생각에 잠긴 채 벽의 사진들을 뚫어지게 쳐다보았다.[3]

책이 된 강의

———

한때 카페에 들어서면 항상 울리던 배경음악이 있습니다. 제프 버넷의 〈콜 유 마인〉Call You Mine 입니다. 무슨 노래인지 모르겠다 하는 분도 "Can I call you my own and can I call you my lover. Call you my one and only girl."이라는 구절을 들으면 "아!" 하고 바로 알 거예요. 그만큼 길거리에서 엄청나게 많이 들린 음악이죠. 그런데 재미있는 사실은, 제프 버넷은 한국에서의 인지도에 비하면 외국에서의 인지도는 거의 없다고 해도 맞을 정도로 인지도 차이가 크다는 겁니다. 혹자는 그래서 '한국에서만 인기 있는 외국가수'라고 말하는데, 틀린 말도 아닙니다.

책 중에서도 한국의 편향이 유독 심한 책이 있어요. 그중 하나가 마이클 샌델의 《정의란 무엇인가》입니다. 이 책은 인구가 3~4억

명 정도인 미국에서 10만 부 정도 나간 책이거든요. 물론 10만 부
도 엄청 많이 팔린 거지만, 인구가 5천만 명 정도인 한국에서 누적
200만 부를 판 것과 비교하면, 덜 팔린 셈이죠. 그래서 혹자는 마
이클 샌델을 한국에서만 인기 있는 교수라고 말하기도 하는데, 이
말은 틀린 말입니다.

마이클 샌델은 세계에서 유명한 사람이에요. 다만《정의란 무엇
인가》는 정치 철학을 다루는 인문학 서적인데, 그런 책이 200만
부나 팔린 한국의 상황이 특이한 거죠. 이렇게 이 책이 한국 사회
에 크게 어필한 데에는 몇 가지 이유가 있는데요, 우선 책이 번역
되어 나온 2010년의 특수한 상황이 있었죠. 2008년 경제위기 이
후 부의 양극화가 심화되며 과연 '돈이 정의인가?', '진짜 정의란
무엇일까?'에 대해 의심을 품을 수밖에 없던 시기였어요. 그리고
이 시기는 이명박 대통령의 집권 시기였는데 광우병 파동, 4대강
사업 의혹 등 경제뿐 아니라 정치적 이슈도 꽤 있었던 시기였거든
요. 그러니까 당시의 정치적, 경제적 상황 때문에 정의란 도대체
무엇인지에 대해 일반 대중도 한 번쯤은 갸웃하게 되었던 거죠.

그 외에도 여러 가지 이유가 있습니다. 마침 어느 대기업의 채용
면접 문제에《정의란 무엇인가》에 나온 여러 딜레마에 대한 것이
나와서 취준생의 필독서로 자리 잡기도 했거든요. 그런데 가장 큰
이유로 꼽히는 것은 따로 있습니다.《월스트리트 저널》도 마이클
샌델이 유독 한국 대중들에게 크게 어필한 현상이 놀라웠는지 이

에 대해 분석을 한 적이 있습니다.[4]

이에 따르면 샌델의 강의가 한국인들에게 부러움과 놀라움을 안겨 주었다는 것입니다. "샌델이 한국에서 인기를 끈 이유 중 하나는 TV로 방영된 강의에서 그가 미국 대학들에서 사용하는 주고받기식 교수법을 보여 준 것과 관계가 있다." 한국의 대학에서는 고등학생들이 교수의 강의 내용을 조용히 필기만 하고 교수도 학생들의 질문이나 참여를 유도하지 않는데, 마이클 샌델은 수백 명을 상대로 문답식 강의를 펼쳤다는 거죠.

이때 EBS에서 마이클 샌델의 하버드 강의를 녹화 방영했는데요, 500명도 넘게 홀에 꽉 들어찬 인원을 대상으로 문답식으로 강의를 이끄는 모습이 정말 신기했습니다. 샌델은 어떤 논제에 대해서 찬성이나 반대 의견을 가진 사람들을 몇 명 뽑아서 각자의 논거를 말하게 합니다. 찬성 세 명, 반대 세 명 정도는 뽑기 때문에, 몇백 명의 의견도 대부분 그 여섯 개 정도로 수렴하게 되죠. 그리고 거기에 대해서 샌델의 강론이 이어지는 거예요. 그러다 보니, 나머지 학생들도 자신이 의견을 말한 것처럼 느끼고, 수업에 집중하게 됩니다. 정말 강의를 잘하더라고요.

그리고 당시 서점에서는 샌델이 강의하는 모습을 모니터에 틀어 주면서 '하버드대학 최고 인기의 교양 강의'라는 말로 홍보했습니다. '영상 속 저 강의가 바로 이 책이다' 하는 식이었는데, 하버드대학의 강의를 본다는 일종의 허세를 자극하는 마케팅이었겠죠.

이것이 왜 허세인가 하면 이 책의 완독률은 3~4퍼센트 정도밖에 안 되거든요.

《정의란 무엇인가》는 마이클 샌델이 하버드 대학에서 40년 동안 한 〈정의〉라는 수업을 정리한 책이에요. 일종의 강의록이라고 봐도 되겠습니다. 강의가 책이 되어서 메가 히트를 기록한 경우죠.

조금 어려울 수도 있지만 교양수업 수준의 책이고, 장마다 다른 주제에 대해 서술되어 있기 때문에(원래 대학 수업으로 매주 다른 주제를 가지고 강의하는 커리큘럼이니까요) 조금 장기적인 계획을 가지고 읽으면, 그래도 어느 정도는 읽을 수 있는 책입니다. 무엇보다 각 장에서 하나씩 문제를 내요.

'징집제를 해야 하나 모병제를 해야 하나?', '소수집단 우대정책은 정당한가?', '대리출산에 대한 생각은', '내가 선로를 바꾸면 한 명이 죽고, 안 바꾸면 다섯 명이 죽는 상황이라면 선로를 바꿀 것인가?' 같은 질문이죠. 이런 질문에 몰입해서 보면 생각보다 재미있게 읽히는 책이기도 합니다.

당신은 전차 기관사이고, 시속 150킬로미터로 철로를 질주한다고 가정해 보자. 저 앞에 인부 다섯 명이 작업 도구를 들고 철로에 서 있다. 전차를 멈추려 하지만 불가능하다. 브레이크가 말을 듣지 않는다. 이 속도로 들이받으면 인부들이 모두 죽고 만다는 사실을 알기에 절박한 심정이 된다.

이때 오른쪽에 있는 비상 철로가 눈에 들어온다. 그곳에도 인부가 있지만, 한 명이다. 전차를 비상 철로로 돌리면 인부 한 사람이 죽는 대신 다섯 사람이 살 수 있다. 당신은 어떻게 하겠는가? 사람들은 대부분 이렇게 말할 것이다. "돌려! 죄 없는 사람 하나가 죽겠지만, 다섯이 죽는 것보다는 낫잖아." 한 사람을 희생해 다섯 목숨을 구하는 행위는 정당해 보인다.

이제 다른 전차 이야기를 해보자. 당신은 기관사가 아니라, 철로를 바라보며 다리 위에 서 있는 구경꾼이다.(이번에는 비상 철로가 없다.) 저 아래 철로로 전차가 들어오고, 철로 끝에 인부 다섯 명이 있다. 이번에도 브레이크가 말을 듣지 않는다. 전차가 인부 다섯 명을 들이받기 직전이다. 피할 수 없는 재앙 앞에서 무력감을 느끼다가 문득 당신 옆에 서 있는 산만 한 남자를 발견한다. 당신은 그 사람을 밀어 전차가 들어오는 철로로 떨어뜨릴 수 있다. 그러면 남자는 죽겠지만 인부 다섯 명은 목숨을 건질 것이다(당신이 직접 철로로 몸을 던질까 생각도 했지만, 전차를 멈추기에는 몸집이 너무 작다).

그렇다면 덩치 큰 남자를 철로로 미는 행위가 옳은 일인가? 사람들은 대부분 이렇게 말할 것이다. "당연히 옳지 않지. 그 남자를 철로로 미는 건 아주 몹쓸 짓이야."

누군가를 다리 아래로 밀어 죽게 하는 행위는 비록 죄 없는 다섯 사람의 목숨을 구한다 해도 끔찍한 짓 같다. 그러나 여기서 애매한 도덕적 문제가 생긴다. 한 사람을 희생해 다섯 사람을 구하는 첫 번째 예에서는 옳은 것 같던 원칙이 왜 두 번째 예에서는 그렇지 않을까? [5]

강의를 기반으로 한 책을 읽는 요령

강의가 책이 된 대표적인 사례들은 고대 철학에서부터 찾을 수 있습니다. 철학자 하면 가장 먼저 생각나는 사람은 소크라테스죠. 그런데 소크라테스는 책을 남긴 적이 없어요. 소크라테스의 사상은 전부 제자인 플라톤의 책 속에서 살아나 전수되고 있습니다. 심지어 《소크라테스의 변명》조차도 소크라테스가 쓴 책이 아니라 플라톤이 쓴 책입니다. 제자를 잘 만난 덕에 소크라테스는 역사에 이름을 남길 수 있었던 거예요.

플라톤이 초기에 쓴 책은 대부분 소크라테스의 사상을 잘 전달하는 책들이었어요. 책 외에 다른 기록 장치가 전혀 없던 시절이니, 플라톤의 책이 아니었다면 소크라테스는 지금의 소크라테스가 아닐 수도 있었던 거죠.

중국의 고전들 또한 대부분 본인이 쓴 책은 아닙니다. 예를 들어 공자의 《논어》는 공자의 언행을 기록한 책이거든요. 그런데 공자 자신이 기록하는 것은 이상하잖아요. 《논어》는 공자의 제자 혹은 그 제자의 제자들이 같이 엮은 책입니다. 그러니까 공자의 강의를 필기한 노트나 마찬가지인 거죠.

공자와 더불어 유교의 양대 산맥이라고 할 수 있는 사람이 맹자입니다. 그리고 《맹자》라는 책은 왕도정치의 이상에 대해 제자들과 함께 토론한 책이에요. 이 책이 예전에는 맹자가 썼다고 추정되었으나, 지금은 맹자의 제자들이 엮은 책이라는 것이 정설입니다. 이 역시 제자들의 필기 노트인 거죠. 이렇게 보면, 강의가 책이 되는 경우는 예전부터 전통이 계속 있었네요.

오늘날에는 TED 강연이나 TV에서 했던 강연이 책으로 바뀐 예가 정말 많죠. 물론 여기에는 강의 내용이 워낙 좋다는 기본 전제가 있습니다. 또한 기술 발달 덕분에 좋은 강연들을 쉽게 전 세계로 공유할 수 있게 되었고, 강연자의 인지도도 높아졌죠. 그래서 이런 강연을 책으로 내면 수요가 있을 거라는 출판사의 현실적 결정도 한몫했습니다. 강연의 반응을 통해 대중적인 선호도도 확인할 수 있고요.

그래서 앞서 말했듯 'TED에서 인기를 끌었다'는 문구가 한동안 외서에서는 중요한 홍보 포인트가 되기도 했습니다. 조너선 하이트의 《바른 마음》은 2008년 TED에 올라온 세 편의 강연 내용을 확장한 책입니다. '정치 성향이나 종교가 같은 사람들은 편을 지어서 싸우지만, 그것은 선과 악의 대립이 아니라, 선과 선의 대립이다. 다만 각자가 믿는 선, 그러니까 옳은 것에 대한 기준이 다른 것일 뿐이다'라는 조너선 하이트의 생각은 먼저 강의로 알려졌고, 이어서 책으로 모습을 바꾼 것입니다.

그래서 책을 보면 장마다 요약이 되어 있고, 진행하는 것도 강의 같은 느낌이에요. 학문적인 강의는 수강자들의 졸음과 주의력 결핍을 유발하는 경우가 많은데, 이 책은 '우리가 무엇을 배웠으며, 앞으로 무엇을 배울 것이다'라고 끊임없이 정리를 해줍니다. 뮤지컬 업계에서는 관객들의 머릿속에 멜로디 하나만 남기면 그 뮤지컬은 성공이라는 말을 합니다. 마찬가지로, 강의를 듣는 수강생들의 머릿속에 '주제는 이거구나' 하고 한 문장만 남겨도 강의는 성공한 거예요. 그래서 계속 주제를 상기시켜 주죠. 이 사실을 인지하고 있으면 어려운 주제의 책이어도, 강의처럼 중간중간 위치와 방향을 확인하며 읽을 수 있어요.

이렇듯 도덕성이 주로 도덕적 추론을 통해 형성되는 것이 아니라면, 선천성과 사회적 학습이 어떻게든 조합되어 도덕성이 형성된다는 주장이 가장 가능성 높은 대답으로 남는다. 앞으로 이 책을 진행시켜 가는 동안 나는 도덕성이 어떻게 선천적인 동시에 (일련의 진화한 직관의 형태로 나타난다) 학습의 대상이 될 수 있는지를 (아이들은 그러한 직관을 특정 문화 속에 적용하는 법을 배우게 된다) 설명하려고 한다. 우리 인간은 날 때부터 바른 마음을 갖고 있다. 그러나 나와 비슷한 사람들이 정확히 무엇을 바르다고 여기는지는 반드시 배움을 통해야만 알 수 있다.[6]

《바른 마음》의 1장을 요약해 놓은 대목입니다. 1장인 만큼 문제제기를 한 이 장의 내용뿐 아니라 앞으로 어떤 것을 다루겠다고 굉장히 분명하게 말하고 있죠. 강의를 책으로 만드는 경우에는 이런 특징이 있으니, 내비게이션 따라가듯 경로를 따라 읽으면 비교적 어려운 글도 눈에 들어올 겁니다.

책이 강의가 되는 경우는 더 많다

———

반대로 책이 강의가 되는 예는 정말 허다합니다. 어느 정도 팔린 책을 낸 작가라면 한 번쯤은 강의 섭외를 받았을 거예요. 도서관, 학교, 공공기관, 기업까지 강의가 필요한 곳은 많고, 책을 통해 내용을 대충 검증했기 때문에 필요한 내용을 강의해 달라는 요청이 이어지는 겁니다.

따라서 책을 선택할 때, 강의를 엮은 책이나 어느 정도 알려진 작가가 쓴 책이라면 유튜브에서 검색해 보세요. 아마 강연이나 인터뷰 영상이 있을 테니, 그것을 먼저 보고 내용을 파악한 뒤에 책을 선택하는 것도 좋은 방법입니다. 책을 읽다가 어려운 부분이 있을 때도 강의를 보면 좀 더 빠르게 이해할 수 있죠. 보통 강연은 대중을 앞에 놓고 하다 보니, 책보다는 쉽게 설명하는 경향이 있거든요. 앞서 예로 든 조너선 하이트의 경우도 유튜브에 〈자유주의자와 보수주의자의 도덕적 근원〉이라는 Ted 강연이 있으니 그것을 본 뒤에 《바른 마음》을 읽어도 되겠죠. 이런 이점 때문에, 강의를 엮은 책들은 비교적 쉽게 읽을 수 있습니다.

다른 미디어와 책의 상호작용

최근에는 강연이 아니더라도 멀티미디어를 통해서 검증받은 콘텐츠가 책으로 나오는 경우도 많아지고 있어요. 저의 경우만 봐도, 북튜브 활동을 하다 보니 출간 제안을 받는 경우가 많습니다. 1년에 3~5건 정도는 제안이 들어오는 것 같아요. 제 책 중《지식 편의점》시리즈는 제가 운영하는 북튜브의 이름에서 제목을 따온 것입니다. 제 채널의 이름이 사실은 '시한책방'이 아니라 '지식편의점 시한책방'이거든요.

그러고 보니 최근 출판가에는 유튜브 크리에이터들의 책이 출간되는 경우가 많습니다. 유명 유튜버인 대도서관이 쓴《유튜브의

신》이나 도티가 쓴 《도티의 플랜B》, 그리고 박막례 할머니의 《박막례, 이대로 죽을 순 없다》 같은 책은 유튜브 채널을 운영하는 방법이나 유튜브를 하면서 겪은 일에 대해 쓴 책이죠.

재테크 유튜버인 신사임당의 《킵 고잉》, 김미경의 《리부트》, 부동산 크리에이터 빠숑 김학렬의 《대한민국 부동산 미래지도》처럼 자신의 채널에서 다루는 전문 분야를 책으로까지 연결해 베스트셀러를 만드는 경우도 많았습니다. 아무래도 베스트셀러로까지 연결되는 책들은 재테크에 관한 책이 많았는데요, 코로나 이후 어려워진 경제 상황 때문에 서점가에 재테크 서적 광풍이 분 것과 무관하지 않은 현상이죠.

기본적으로 많은 구독자를 가지고 있는 유튜버들의 책은 어느 정도는 판매가 보장되다 보니까, 출판사들이 구독자 많은 채널의 콘텐츠를 책으로 만들려는 시도를 많이 한 이유도 있습니다. 재테크 유튜버들의 정보 전달성 채널이 비교적 구독자를 많이 가지고 있거든요. 그래서 주식 유튜버, 부동산 유튜버들이 책의 저자로 나선 경우가 많았습니다.

그런가 하면 포털 사이트 다음의 '브런치'는 유저들의 글쓰기 공간인데요, 브런치는 아예 유저들이 연재한 글들을 선별해서 책으로 만들어 주는 프로젝트를 운영했어요. MZ세대의 존재감을 처음으로 보여 준 임홍택의 《90년생이 온다》도 브런치북 프로젝트의 수상작인데, 대상은 아니었고 은상이었어요. 유저들의 연재를 바탕으로 하다 보니, 수상작에는 박창선의《어느 날 대표님이 우리도 브랜딩 좀 해보자고 말했다》나 좋은비의《서른의 연애 그리고 그 이후의 이야기》처럼 생활 밀착형 공감 글이 많은 편입니다.

입체적 독서

———

책이 책으로만 존재하는 것이 아니라 먼저가 되었든 나중이 되었든 여러 미디어와 같이 존재한다는 것은, 그만큼 다양한 내용을 접할 기회와 가능성이 생긴다는 의미죠. 그러니까 책을 친근하게 접근하는 경로로 다른 미디어를 활용하는 것은 나쁘지 않습니다.

따라서 다른 미디어로 먼저 접한 내용을 책으로 읽거나, 책으로 본 내용을 보다 입체적으로 이해하고 싶어 다른 미디어를 활용하는 식의 독서 방법은 독서에 취미를 붙이는 데 도움을 줄 것입니다.

다른 미디어를 통해 접한 책에는 어떤 책이 있나요?

그때 인상 깊었던 점은 무엇이었나요?

다른 미디어가 책과 비교해 달랐던 점은 무엇인가요?

다른 미디어를 통해 접한 책에는 어떤 책이 있나요?

그때 인상 깊었던 점은 무엇이었나요?

다른 미디어가 책과 비교해 달랐던 점은 무엇인가요?

다른 미디어를 통해 접한 책에는 어떤 책이 있나요?

그때 인상 깊었던 점은 무엇이었나요?

다른 미디어가 책과 비교해 달랐던 점은 무엇인가요?

제3장

베스트셀러는 왜
베스트셀러가 되었을까?

#시대정신
#카프카
#개츠비스크
#파타고니아

시대정신이 담겨 있는 베스트셀러

———

베스트셀러는 시대가 만들어 냅니다. 한 시대를 뒤흔든 베스트셀러에는 보통 그 책이 탄생한 시대의 정신이 담겨 있습니다. 시대를 관통하는 정신이 없는 책을 많은 사람이 사서 볼 리가 없거든요.

하지만 시대정신이 담겼다고 해서 반드시 베스트셀러가 되는 것은 아닙니다. 이렇게만 보면 마치 학창 시절 배웠던 '명제의 역' 같은 느낌이죠. 'P이면 Q가 참이라고 해서 Q이면 P가 참이 되는 것은 아니다'인데요, 그런 걸 배운 적 없다고 발뺌하지는 마세요. 고등학교 수학 시간 올라가자마자 제일 앞에 나오는 파트인 〈집합과 명제〉에 분명히 나오니까요. 하지만 굳이 '수포자'(수학포기자)의 멱살을 부여잡고 학창 시절 지겨웠던 수학 시간을 상기시키지 않더라도 이 사실은 경험적으로도 얼마든지 알 수 있습니다. 꽤 진한 감동과 공감을 느꼈던 책이지만 아무도 몰라 안타까웠던 책도 있을 것이고, 엄청나게 훌륭한 내용을 담은 책이 사람들에게 발견되지 못해 사장된 예도 있을 것입니다.

동시대의 사람들이 발견하지는 못했지만, 다음 시대의 사람들이 뒤늦게 발견한 책도 꽤 있죠.《변신》을 쓴 프란츠 카프카는 회사원 생활을 청산하고 전업 작가 생활을 하는 것이 평생의 꿈이었지만, 그 꿈은 결국 이루어지지 않았어요. 카프카의 작품은 살아 있을 때 출판된 것이 거의 없거든요. "모든 작품을 불태워 달라."는 카프카의 유언을 무시한 친구의 과감한 결정이 아니었다면 우리는 카프카를 알지 못했을 것입니다.

미국 문학에서 빼놓을 수 없는 고전《모비 딕》은 처음 출판되었을 때는 별다른 조명을 받지 못했어요. 일단 작가인 허먼 멜빌이 유명하지 않았습니다. 사실 허먼 멜빌은 초창기에 한두 작품이 히트를 해서 작가의 길로 들어섰지만, 그 후 작품들은 반응이 신통치 않아서 살아 있을 때는 그야말로 원히트 원더one-hit wonder(히트곡이 하나뿐인 가수)에 가까웠어요. 작가로 먹고 살기 힘들어 세관원 생활을 20여 년 하다가 죽었는데, 말년에는 거의 작품을 발표하지 않았거든요. 그래서 지역 신문에 허먼 멜빌의 부고기사가 실렸을 때 '작가'가 아니라 '문단활동을 했던 시민'이었다고 소개되었어요. 그리고 그의 대표작은 《모비 딕》이라고 하면서 철자를 'Mobie Dick'이라고 썼는데, 이거야말로 대굴욕이었습니다. 올바른 철자는 'Moby Dick'이거든요.

하지만 카프카나 멜빌의 책들은 나중에 역주행을 해서 지금은 전 세계 사람이 다 아는 명작이 되었죠. 요즘 많이 쓰는 '역주행'이라는 말은 예전에 발표되었지만 그때는 인기를 끌지 못하다가 나중에 다시 인기를 얻는 현상을 말합니다. 카프카는 책이 출판되면서 알려지기 시작해 지금은 독일 문학을 대표하는 작가로 자리매김했습니다. 허먼 멜빌 역시 미국 문학을 대표하는 작가가 되었죠. 독서광으로 유명한 버락 오바마 미국 전 대통령도 좋아하는 책 한 권만 꼽아 달라는 부탁에 《모비 딕》을 꼽았을 정도예요. 유명 커피 체인 '스타벅스'도 등장인물 중 '스타벅'이라는 일등 항해사의 이름에서 따왔다고 하고요. 작가가 죽었을 때는 책 제목의 철자도 틀렸을 정도로 관심을 못 받던 책이 지금은 미국을 대표하는 문학 작품이 된 것입니다.

이전 시대에는 역주행이 일어났다고 하면 대부분 지나간 작가들을 발견하고 평가해 주었던 평론가들의 역할이 컸습니다. 대중은 잘 모르는 작가지만, 평론가가 발견하고 대중에게 적극적으로 소개하는 과정에서 대중도 그 작품을 알아보기 시작하는 거죠. 하지만 이런 과정이 그저 '운'은 아닙니다. 뒤늦게 작품을 발견한 평론가들은 지금 시대에 맞는 정신을 그 작품에서 발견한 것이거든요. 뒤늦게 히트한 작품이 운이 좋아서라기보다는, 그 작품이 담고 있는 정신이 공명하는 시대를 만난 것이라고 볼 수 있겠죠. 그렇게 생각하면 작가가 살아 있을 때 작품이 인정받지 못한 것은 시대를 조금 앞서갔다는 뜻일지도 모릅니다.

예전에는 지금처럼 인터넷으로 독자들이 의견을 활발하게 교환하고, 좋은 작품을 쉽게 추천할 수 있는 세상이 아니었기 때문에 대중이 좋은 책을 발견하더라도 다른 사람에게 알리기가 쉽지 않았습니다. 대부분의 의견은 신문, 잡지, 책 같은 미디어를 통해 평론가들이 제시하는 것이었죠.

하지만 대중에 의해 소설이 재발견되는 예도 있었습니다. 예를 들어 스콧 피츠제럴드의 《위대한 개츠비》는 지금도 많은 사람이 손에 꼽는 명작이고, 시시때때로 영화화되는 인기 있는 소설입니다. 그런데 이 소설이 처음 나왔을 때는 그다지 위대하지 않았습니다. 물론 그 당시에도 피츠제럴드는 유명한 작가였고, 소설로 돈을 많이 번 작가이긴 했어요. 하지만 그의 경제적 성취는 주로 단편소설로 이루었습니다. 장편인 《위대한 개츠비》의 초판으로 번 인세 수입은 100달러 정도였다고 하죠. 중쇄를 찍고 다시 나온 책은 결국 안 팔려서 창고에 쌓인 상태에서 작가가 사망했습니다.

이 소설이 지금의 위치에 오른 이유는 작가가 죽은 뒤 재조명된 것도 있긴 하지만, 결정적으로는 제2차 세계대전에 참전한 미군들을 위한 '진중문고'로 선정되어서입니다. 미 국방부가 이 책을 무려 15만 부나 2차 세계대전의 전선에 뿌렸거든요. 그런데 여기에는 의문점이 하나 있습니다. 《위대한 개츠비》는 좋게 보면 순정을 가진 남자의 평생에 걸친 사랑 이야기지만, 나쁘게 보면 스토커에 가까운 인물이 세속적인 여성을 만족시키기 위해 범죄와 불륜을 저지르다가 결국 파국을 맞는다는 얘기거든요. 이런 게 군인들의 사기를 진작시키기 위한 진중문고에 적절한가 하는 것이죠. 여기에는 작가의 운이 하나 착용했습니다.

피츠제럴드는 소설 속 개츠비처럼 어린 시절에 부잣집 여성과 결혼하려고 했다가 결국 차입니다. 여성은 부잣집 남자와 결혼했고, 피츠제럴드는 그 충격으로 군에 입대해요. 그러다가 제1차 세계대전이 일어나서 참전하게 됩니다. 그러니까 제2차 세계대전 때 그의 책이 진중문고로 선정된 결정적인 계기는, 그가 바로 제1차 세계대전의 참전용사였기 때문입니다. 젊은 군인들에게, 참전용사 출신으로 이렇게 글을 써서 성공한 작가도 있다는 메시지를 주고자 한 것이었죠. 그러니까 내용보다는 군인으로 참전하고 이렇게 사회적으로 성공한 사람이 있다는 것을 알려 주기 위한 일종의 롤모델 세우기였던 것입니다.

그런 운이 작용했다 하더라도 만약 이 소설에 시대에 공명하는 시대정신이 담기지 않았다면 지금까지 남는 고전이 되진 못했을 겁니다. 진중문고가 《위대한 개츠비》 단 한 권뿐이었을 리 없잖아요. 많은 책 중 《위대한 개츠비》에서 대중은 개츠비의 생각과 생애를 통해 그 시대의 정신을 발견했던 거죠. 미국의 1920년대를 재즈시대라고 하는데요, 돈과 파티가 넘쳐 나는 그야말로 흥청망청한 시절이었습니다. 그 시대의 모습이 이 소설에 그대로 녹아 있죠. 이후 경제 대공황을 맞이하고 전쟁을 목격한 대중은, 그 넘쳐나는 부와 자신감이 넘쳐나던 시대가 사실은 허세고 진정성 없는 허깨비 같은 시절이었다는 것을 깨닫게 된 것이죠. 마치 개츠비의 성공이 물거품처럼 꺼져 버리는 것처럼요. 이 소설에서 유래한 '개츠비스크'Gatsbyesque라는 말이 있는데 요란하면서 과장된 스타일을 가리키는 말입니다. 그만큼 개츠비의 은유는 분명합니다.

1925년에 발표된 개츠비의 은유를 1920년대 재즈시대를 살았던 대중은 발견하지 못했지만, 재즈시대의 거품이 꺼진 1940년대 대중은 충분히 발견할 수 있었던 거죠. 1929년 이후 대공황이라는 경제적 암흑의 시기와 1939년 이후 제2차 세계대전이라는 암흑의 시기를 겪으면서 사람들은 개츠비의 허무와 쓸쓸함에 공명할 수 있었거든요.

토요일은 주로 뉴욕에서 보냈다. 왜냐하면 개츠비의 저택에서 즐겼던 찬란하고 눈부시던 파리의 기억이 너무나 생생하게 남아 있었다. 음악 소리와 웃음 소리, 저택 진입로를 오르내리면 자동차 소리가 그의 정원에서 희미하지만 끊임없이 들려왔기 때문이다.

그런 어느 날 저녁에는 진짜 자동차 소리가 들렸고, 헤드라이트 불빛이 현관 계단을 비추고 있는 것을 보았다. 하지만 나는 나가지 않았다. 아마도 그는 먼 곳에 떠나 있다가 이제는 파티가 영원히 끝난 줄도 모르고 우연히 찾아온 손님일 게 뻔했다.

마지막 날 밤 짐을 챙기고 자동차도 식료품 가게에 팔고 나서, 나는 개츠비의 저택으로 건너가 다신 한 번 그 집의 엄청난 몰락을 목격했다. 하얀 계단에 벽돌 조각으로 써 갈긴 상스러운 낙서들이 달빛에 선명하게 드러났고, 나는 구둣발로 비벼가며 그 낙서를 지워 버렸다. 그러고는 천천히 바닷가로 내려가 모래밭에 드러누웠다.[7]

요컨대 《위대한 개츠비》는 이 책의 정신이 공감을 얻을 시대를 뒤늦게 만나 베스트셀러로 등극한 것이라고 할 수 있어요. 그 발견에는 평론가보다는 대중의 눈이 작용했죠. 진중문고 선정이라는 운이 따랐지만, 그런 운만으로 세계적인 명작 반열에 오를 수는 없는 노릇이니까요.

베스트셀러를 보면 시대를 읽을 수 있다

———

시대정신을 담고 있고, 시대의 흐름을 대변하는 책은 오래도록 살아남아서 많은 사람에게 읽히는 중요한 동력이 됩니다. 뒤집어 생각해 보면, 베스트셀러로 등극한 책은 그 시대의 흐름과 가치, 관심 혹은 그 시대가 가진 활기를 짐작할 수 있다는 뜻도 됩니다.

'서울책보고'는 서울시에서 운영하는 공공 헌책방입니다. 서울시에 흩어져 있는 헌책방들을 모아 복합 편집몰처럼 만든 곳이에요. 멋진 설계 때문에 드라마나 영화 촬영 장소로도 많이 쓰이는 곳이기도 하고, 여러 기획전이나 공연도 열려서 가 볼 만한 문화 공간입니다.

저는 얼마 전 서울책보고에서 열린 〈그 시절, 그때 베스트셀러 전〉에 다녀왔어요. 1980년대부터 2010년까지의 베스트셀러 목록과 함께, 거기에 해당하는 헌책들을 전시하고 판매까지 하는 전시였습니다. 그런데 베스트셀러 목록을 보는 것만으로도 한국 사회의 시대상이 어느 정도 보이더라고요.

베스트셀러 목록을 보면 알게 되는 게 있습니다. '어떤 해의 사건에 대한 감각은 그다음 해에 제대로 드러난다'는 것입니다. 예전에는 지금보다 책을 쓰는 데도, 그리고 그 책이 대중에게 퍼지는 데도 오래 걸리다 보니, 작가가 책을 쓴 해에 느낀 감각이 대중에게도 침투해 그 책이 베스트셀러가 되기까지는 1년 정도가 걸리더라고요. 예를 들어 1988년 올림픽이 끝난 후에 우리나라 사람들이 가지게 된 자신감을 느끼려면 1989년 베스트셀러 목록을 보면 됩니다. 과연 1989년 베스트셀러 1위는 《세계는 넓고 할 일은 많다》라는 책입니다. 당시 삼성, LG 등과 더불어 우리나라 재벌 순위를 다투던 대우그룹의 김우중 회장 자서전인데요, 올림픽 직후 세계와 경쟁을 해볼 수도 있겠다는 자신감이 엿보이는 책이었어요.

반면 1998년 IMF 직후인 1999년의 베스트셀러 1위는 오토다케 히로타다의 《오체 불만족》이었습니다. 태어날 때부터 양팔과 두 다리가 없이 태어나 오체는 불만족이지만 인생은 대만족이라는 저자의 이야기는 IMF로 실의에 빠진 사람들에게 위로를 주었습니다(이건 사족이지만 오토다케는 2016년 다섯 명의 여성과 불륜을 저지른 것이 드러나면서 충격도 같이 주었죠).

시대별 베스트셀러를 나열하고 보니까 가장 눈에 띄었던 것은 IMF를 겪을 때 대학에 들어갔던 학생들이 졸업할 무렵인 2003년이었습니다. 베스트셀러 목록에 토익 관련 책이 등장하기 시작하면서, 그 후로는 토익 책이 빠지지 않더라는 거죠. 심지어 2009년에는 베스트셀러 20위 안에 해커스의 토익 책만 네 권이나 포함되었어요. 취업난의 자취가 베스트셀러 목록에서도 묻어났습니다.

오래가는 드라마셀러의 이유는?

TV나 미디어 노출로 뜬 책도 꽤 있습니다. 드라마 〈시크릿 가든〉 은 2010년에서 2011년까지 방영된 드라마로 마지막 회의 시청률 이 32.5퍼센트를 기록한 초히트작입니다. 우리나라 전직 대통령 중 한 분이 병원 예약을 할 때 가명으로 여기 나온 여주인공 길라 임 이름을 쓰기도 했었죠(아! 전직대통령 중에 여성이 한 명이긴 하군 요). 이 드라마에서 주인공으로 출연한 현빈이 보는 책이 있어요. 왜 그 책을 보는지는 정확하게 대사로 나오지는 않지만, 재벌 3세 인 김주원이 가난한 여성인 길라임을 이해하기 위해서《왜 세계 의 절반은 굶주리는가?》를 보고 있다는 짐작을 가능하게 했죠. 그 러니까 여주인공에게 끌리고 있는 남주인공의 마음을 간접적으로 보여 주는 장치로 중요한 기능을 했던 책입니다.

이 책은 유엔 인권위원회 식량특별조사관인 장 지글러가 기아 의 실태와 그 원인을 아들과 나눈 대화 형식으로 설명한 책으로, 이때 소개되어 아직도 서울대 학생들이 가장 많이 읽는 책 20위 안에 매년 들어가며 꾸준히 팔리는 책입니다.

이런 이야기를 들으면 드라마에 한 번 소개되고 히트하다니 얼 마나 운이 좋은가 생각하는 분도 있을 겁니다. 한때 '드라마셀러' 라는 말이 나올 정도로 드라마에 나온 책이 다음 날 바로 베스트셀 러로 등극했습니다. 과도한 PPL에 대한 비난이 나오고 드라마 시청률이 예전처럼 나오지 않으면서 이제는 드라마셀러라는 말은 많이 사라졌지만, 예전에는 드라마에 한 번 나오는 것만으로도 엄청난 판매고가 보장되곤 했었죠. 하지만 그렇게 떴던 드라마셀러가 다 지금도 여전히 잘 팔리는 것은 아닙니다. 〈도깨비〉에서 공유가 읽었던 책, 〈이태원 클라쓰〉에 나왔던 책으로 드라마 방영 당시에는 화제가 됐지만 지금은 '이런 책이 있었나?' 하는 생각이 드는 책도 많잖아요.

《왜 세계의 절반은 굶주리는가?》가 인기를 끈 데는 드라마에 나온 것도 도움이 되었겠지만, 제목이 자극하는 시대적 감각이 있다는 점도 크다고 생각합니다. 2008년 경제위기 이후 세계는 점점 부의 양극화를 인지하게 되었습니다. 몇몇 엘리트와 권력자가 장악한 세상이라는 것이 금융위기로부터 드러났거든요(그런 것을 타파하고자 금융의 민주화를 표방하고 개발된 것이 블록체인을 활용한 비트코인이죠). 하지만 그런 사실이 드러났다고 해서 세계의 양극화가 개선된 것은 아닙니다. 선진국은 기술 발달의 과실을 그대로 거두어들이고 있는 반면, 후진국들이 그 반열에 들지 못하게 견제를 하기도 해요. 그러다 보니 한번 벌어진 격차가 줄어들기는커녕 갈수록 벌어지고 있는 형국이죠. 한스 로슬링이 《팩트풀니스》라는 책에서 '후진국들이 우리 생각보다 그렇게 낙후된 것은 아니다'라는 주장을 하기도 했지만, 여기에는 한 가지 허점이 있어요. 분명

절대적 기준에서는 그렇지만, 상대적으로 보면 그렇지도 않다는 것이죠. 선진국들이 그사이 앞서간 거리를 생각하면 선진국과 후진국의 격차는 예전보다 벌어진 것이 사실이거든요.

이런 양극화의 시대에 《왜 세계의 절반은 굶주리는가?》는 꾸준히 팔리는 책이 되었습니다. 유엔의 통계자료에 의하면 지금 지구의 농업 생산량은 120억 명을 먹여 살릴 수 있다고 합니다. 그런데 지구의 인구는 70억이 조금 넘죠. 그렇다면 기아로 인한 죽음은 결국 살인이라고 이 책은 주장해요. 그렇게 말하는 이유는 두 가지인데, 선진국들의 자국 이기주의와 금융 그룹이나 다국적 기업들이 인위적으로 농업 시장을 조작했기 때문이라는 겁니다.

결국 장 지글러의 결론은 구조적이고 근본적인 원인을 가리키는데요, 세계의 절반을 굶주리게 하는 원인인 선진국의 자국 이기주의, 글로벌 기업들의 탐욕에 대한 견제, 이런 행태에 원인을 제공하는 신자유주의에 대한 제동 등을 이야기합니다. 기아에 시달리는 나라들이 자립할 수 있게 구조를 만들어야 한다는 거죠. 당장 원조도 중요하지만 더 중요한 것은 인프라를 만들어 주는 것이고, 효율적인 인도주의 정책을 위해 정치 개혁도 필요하다고 말합니다.

토지개량도, 사막화 대책도, 빈민가의 인프라 정비도, 농업 자원도, 우물 파기 프로젝트도 결국은 헛수고로 끝나버릴 응

급조치에 불과하다는 것을 알고 있어. 기아를 근본적으로 해결하기 위해서는 각국이 자급자족경제를 스스로의 힘으로 이룩하는 것 외에는 진정한 출구가 없다고 아빠는 생각해.

그럼 무슨 일을 해야 하나요?

무엇보다도 인간을 인간으로서 대하지 못하게 된 살인적인 사회구조를 근본적으로 뒤엎어야 해. 인간의 얼굴을 버린 채 사회윤리를 벗어난 시장원리주의 경제(신자유주의), 폭력적인 금융자본 등이 세계를 불평등하고 비참하게 만들고 있어. 그래서 결국은 자신의 손으로 자신의 나라를 바로 세우고, 자립적인 경제를 가꾸려는 노력이 우선적으로 필요한 거야.[8]

지금 우리의 관심을 보여 주는 책들

———

개발과 성장, 발전의 시대를 살면서 효율이나 희생 같은 말에 질린 사람들은 공유와 공감의 정신을 찾고 있어요. 경쟁하는 것이 아닌 상생을 말하고, 지구를 활용하는 방법이 아닌 지구와 같이 사는 방법을 찾고 있죠.

2020년을 뜨겁게 달군 책 중 하나가 이본 쉬나드의 《파타고니아, 파도가 칠 때는 서핑을》입니다. 파타고니아Patagonia라는 기업의 경영 철학을 담은 이 책은 유튜브가 띄운 책이라고 봐도 될 정도

로 많은 북튜버가 소개했어요. 구독자가 100만 명이 넘는 〈김미경
TV〉에서 나오기도 했고, 미약하지만 제 북튜브 채널인 〈시한책방〉
에서도 소개한 적이 있습니다. 그리고 2020년 12월에 북튜브계에
서 유명한 〈책읽찌라〉, 〈공백의 책단장〉, 〈사월이네 북리뷰〉 그리
고 제 채널까지 모여 '올해의 책 베스트 4'를 선정해서 발표한 적이
있었는데, 그 가운데에도 이 책이 껴 있었죠.

　이 책이 이렇게 여러 북튜버에게 사랑받은 데에는 '파도가 칠 때
는 서핑을'이라는 제목도 한몫한 것 같아요. 파도가 좋을 때는 서
핑 숍 운영을 중단하고, 서핑을 하러 간다는 거죠. '날씨가 좋을 때
는 무단결근을', '바람이 좋을 때는 금일휴업을' 같은 느낌도 좀 나
죠. 이렇게 되면 먹고 사는 데 지장이 생기잖아요. 그래서 이런 말
을 할 수 있는 것은 백수나 한량(이 둘의 차이는 돈이 있냐 없냐일 뿐
하는 일은 거의 비슷하죠) 정도라고 생각하기 쉽지만, 놀랍게도 이
책은 기업을 만들고, 운영하는 것에 관한 이야기입니다. 보통 기업
들의 성공 스토리는 그 가운데 열정, 기회, 노력, 교훈 같은 것들이
들어 있지만, 이 책에는 그런 것들이 아닌 '가치'가 들어 있어요.

　파타고니아는 한 등반가가 자신이 쓸 등반 장비를 직접 만들기
위해 고철상에서 화덕과 모루, 해머 등 대장간 장비를 구입한 데서
시작했습니다. 독학으로 대장간 일을 익힌 그는 자연을 파괴하고
해를 끼치는 등반 장비가 아니라, 조금 더 효율적이면서도 자연에

흔적을 남기지 않는 등반 장비를 개발하고 자신이 직접 사용합니다. 겨울에는 장비를 만들고 봄, 여름, 가을에는 요세미티나 알프스 같은 데서 등반을 하죠. 그 기간에 자신이 만든 장비들을 팔아서 생활자금을 마련해요. 이 사람이 바로 파타고니아의 설립자 이본 쉬나드입니다.

이본 쉬나드는 등반 장비를 파는 사업을 본격화할 때도 사업으로 접근한 것이 아니라, 정말 등반가들에게 필요한 장비를 만들어 나눈다는 생각으로 접근했어요. 자연에 상처를 내서는 안 되고, 우선 쓰기에 편해야 하며, 무엇보다 최고의 품질로 안전을 보장해야 한다는 것이죠. 등반가인 자신이 쓸 것을 만들었으니, 다른 등반가들에게도 이 장비들은 인기를 끌 수밖에 없었습니다. 의류 사업에 손을 댈 때도 마찬가지로 등반할 때 입을 옷이 필요해서, 그 필요에 맞춰 옷을 만든 거예요.

이본 쉬나드는 스스로를 사업가라고 생각하지 않고 등반가, 서평하는 사람, 스키를 타고 카약을 타는 사람 혹은 대장장이라고 생각을 합니다. 그러니까 사업하려는 것이 아니라, 자신이 자연을 즐기는 데 필요한 장비를 만들고 그것을 비슷한 사람들과 나누려고 사업을 한 거죠. 이런 생각으로 만든 제품은 소비자에게 인기를 끌 수밖에 없었죠. 그래서 이본 쉬나드는 딜레마에 빠지게 돼요. 그야말로 '왜 자꾸 사업이 잘되는데?'가 된 거죠. 그즈음 자신이 왜 사업을 하는지에 대해서 생각하게 되었고, 비로소 자신이 사업하는 이유를 확고하게 정하게 됩니다. 그건 바로 환경에 대한 책임과 지속가능성을 탐구하기 위한 본보기가 되겠다는 것이죠.

이것이 바로 파타고니아의 가장 중요한 가치가 됩니다. 파타고니아의 철학은 필요한 기능이 갖추어진 최고의 제품을 환경을 해치지 않고 만들며, 벌어들인 이윤은 환경을 보호하고 살리는 데 쓰는 것입니다. 그야말로 '지구가 목적, 사업은 수단'인 거죠. 그래서 이윤추구가 목적인 기업과 행보가 완전히 다를 수밖에 없어요. 이것이 많은 사람이 파타고니아를 사랑하고 믿는 이유입니다.

성공과 돈보다는 가치와 공생을 추구하는 사람이 많습니다. 기업에서는 ESG라는 이름으로 환경, 사회, 지배구조를 생각하는 경영이 각광받죠. 흔히들 성공한 사람들이 돈을 추구하지 않고 가치를 추구했더니 돈이 따라오더라는 말을 많이 하잖아요. 그것을 기업의 입장에서 보여 주는 것이 바로 파타고니아인 거죠. 그래서 이 책에서 소개하는 파타고니아의 철학을 보면, '가치를 추구하는 삶'이라는 점에서 기업뿐 아니라 개인으로서도 배울 게 많습니다.

직원들에게 회사의 철학에 대해 가르치면서 비로소 카미 박사의 질문에 대한 진짜 답을 찾을 수 있었다. 사업을 시작하고 35년이 지난 후에야 내가 왜 사업을 하는지 알게 된 것이다. 나는 환경이라는 대의에 금전적인 지원을 하고자 했다. 하지만 그보다 더 바랐던 것은 우리의 피톤과 파켈이 다른 장비 제조업체의 본보기가 되었던 것처럼, 파타고니아가 다른 기업들이 환경에의 책임과 지속가능성을 탐구할 때 본보기로 삼을 만한 모델이 되는 것이었다.

직원들에게 회사의 철학을 가르치면서 애초에 왜 사업가가 되었는지를 기억해 냈다. 나는 장비와 의류의 개선 방안에 대한 아이디어를 품고 산에서 집으로 돌아오곤 했다. 직원들에게 회사의 철학을 가르치면서 고품질이라는 기준과 전통적인 디자인 원칙이 하나의 기업으로서의 파타고니아를 이끌어 온 큰 원동력이라는 점을 깨달았다. 우리가 만든 모든 제품, 셔츠, 재킷, 바지의 기능 하나하나는 반드시 필요한 것이어야 했다.[9]

《파타고니아, 파도가 칠 때는 서핑을》은 단순히 유튜브에 자주 나와서 히트한 것이 아니라, 그런 계기를 통해서 사람들에게 알려지고, 이 책을 본 사람들이 지금의 시대정신을 이 책에서 찾을 수 있었기 때문에 베스트셀러에 오른 책입니다.

시대와 책을 같이 읽는다

———

지금까지 시대별 베스트셀러 몇 권을 살펴보면서 그 시대의 정신을 생각해 보았습니다. 책을 읽을 때 시대와 같이 읽으면 훨씬 얻어갈 것이 많습니다. '왜 이 시기에 이 책이 베스트셀러가 된 것일까?'를 생각하면, 책에 대해 조금 더 깊이 이해할 수 있습니다. 또 책에서 얻은 것을 내 삶에 적용할 수 있는 통찰력을 얻게 되죠.

여기서 소개한 책들이 대중이 발견하고, TV에 소개되고 유튜브에 회자되어서 뜬 책들 같지만, 이 책들이 꾸준히 읽히는 이유는 그 시대의 정신을 담고 있기 때문입니다. 여러분이 공감하거나 인상에 남았던 책이 있다면, 그 책은 이 시대를 살고 있는 여러분이 느끼는 감정이나 정서를 잘 건드린 책일 것입니다. 여러분의 시대를 잘 담아 공감했던 작품에는 어떤 것이 있나요? 그리고 현재 여러분이 관심 있는 책은 어떤 책인가요? 그 책에 여러분이 살고 있고, 여러분이 만들어 나가는 시대가 담겨 있습니다.

당신이 읽은 베스트셀러는 어떤 책인가요?

그 책에서 인상 깊었던 점은 무엇인가요?

그 책의 내용을 어떤 시대 정신과 연결할 수 있을까요?

당신이 읽은 베스트셀러는 어떤 책인가요?

그 책에서 인상 깊었던 점은 무엇인가요?

그 책의 내용을 어떤 시대 정신과 연결할 수 있을까요?

제4장

진땀 나는
과학책을 읽어내는 법

#수능 비문학
#질량보존 법칙
#도킨스

미분은 배워서 어디에 쓸까?

———

대학생들에게 '수능 공부할 때 언어 영역의 비문학 중 가장 싫은 제시문이 뭐였냐?'고 종종 물어봅니다. 그러면 정신보다 몸이 먼저 반응하듯이 즉각 튀어나오는 대답이 '과학 제시문'입니다. 문·이과 공통적으로 과학 제시문이 가장 싫었다고 답하더라고요. 문과 같은 경우 과학 제시문이 너무 낯설고 어려워서 싫다고 하고, 이과 같은 경우는 그냥 제시문 자체가 싫다고 하는 친구도 종종 있어요. 과학 다음으로는 철학, 경제, 역사, 사회, 문화, 고전 등 다양하게 갈립니다. 이 정도면 그냥 비문학 시험이 싫은 것일 수도 있겠네요.

과학을 공식으로 배우고 시험으로 익힌 사람들은 과학이라는 것은 생활에 존재하는 것이 아니라 학교에만 존재한다고 생각해요. 운동량 보존의 법칙이나 원소기호 따위를 몰라도 생활하는 데 전혀 지장이 없다고 생각합니다. 사실 그렇긴 하죠.

히가시노 게이고의《용의자 X의 헌신》을 보면 주요 등장인물 중 한 명이 고등학교 수학 선생님인데, 수학 시간에 학생에게 '미분 따위를 배워서 어디에 쓰느냐?'는 질문을 받죠.

"미적분 같은 게 대체 무슨 소용이람. 시간 낭비일 뿐이지."

기말 시험 문제를 풀이하려고 칠판을 향해 돌아서던 이시가미는 모리오카의 말에 뒤를 돌아보았다. 흘려들을 수 없는 말이었다.

"모리오카는 오토바이를 좋아하는 것 같던데, 오토바이 레이스를 본 적이 있나?"

느닷없는 질문에 모리오카는 당황한 표정으로 고개를 끄덕였다.

"오토바이 레이스를 할 때 레이서들은 일정한 속도로 달리지 않는다. 지형이나 풍향에 따라서도 속도를 바꾸지만 전략적으로도 끊임없이 속도를 바꾸지. 어디서 속도를 줄이고 어디서 얼마나 가속할지, 그 순간적인 판단이 승부를 가르는 거야. 알아?"

"그건 아는데, 그게 수학이랑 무슨 상관이에요?"

"그 가속하는 정도가 바로 그 시점에서 속도를 미분하는 거야. 더 나아가 주행 거리라는 건 시시각각 변화하는 속도를 적분한 것이고. 레이스에서는 당연히 모든 오토바이가 똑같은 거리를 달리니까 이기기 위해서는 속도의 미분을 어떻게 하느냐가 중요한 포인트지. 어때. 이래도 미분과 적분이 아무 소용 없어 보이나?"

이시가미가 한 말이 이해되지 않는지 모리오카가 난감한 표정을 지었다.

"그렇지만 레이서는 미분이니 적분이니 그런 생각을 안 할 텐데요. 경험과 감으로 승부하죠."

"물론 레이서 본인은 그렇겠지. 하지만 레이서를 뒷받침하는 스태프들은 그렇지 않아. 어디서 어떻게 가속하면 이길 수 있을지 면밀히 시뮬레이션을 거듭해서 전략을 세우지. 바로 그때 미적분을 사용하는 거야. 본인들은 그런 사실을 잘 모를 수도 있지만, 미적분을 응용한 컴퓨터 소프트웨어를 사용하는 것만은 분명하다."[10]

너무나 이론적으로 보이는 수학조차도 사실은 우리 생활의 일부분을 구성하고, 행동의 원리를 해석하는 데 사용될 수 있습니다. 조금 더 원리적인 부분을 다루는 과학은 말할 것도 없죠. 과학은 우리의 삶을 구성하는 하나의 토대입니다. 생활의 일부죠. 우리의 생활이라는 것은 그대로 인문학이 됩니다. 그러니까 과학 역시 인간을 이해하는 데 반드시 필요한 기초 지식이죠.

잘 쓰인 과학책은 인문학을 품고 있다

재미있는 것은 사람들은 과학에 대해 아주 기초적인 지식을 몰라도 전혀 부끄러워하지 않는 반면, 인문학에 대해 기초 지식을 모르면 조금은 창피해한다는 것입니다. 가령 지금의 정치, 사회를 이해하는 데 가장 기본이 되는 '민주주의'에 대해 "나는 민주주의를 전혀 몰라."라고 대놓고 말하는 사람은 없습니다. 그런데 지금의 과학을 이해하는 데 가장 기본이 되는 '뉴턴의 운동법칙'에 대해서는 "나는 뉴턴의 운동법칙 따위는 전혀 몰라."라고 이야기하는 사람이 얼마든지 있습니다.

그런 사람들도 고등학생 때 운동 1, 2, 3 법칙을 배웠기 때문에 '질량보존의 법칙'처럼 구체적으로 이야기하면 어렴풋이 알긴 합니다. 운동법칙을 민주주의보다 잘 모르는가 하면 꼭 그렇지도 않은 게 '민주주의' 역시 어렴풋이 아는 경우가 많거든요. 그러니 사람들이 특별히 과학을 모르는 것도 아니에요. 우리나라의 주입식 교육에 대해 모두 나쁘게만 말하지만, 전체 국민의 평균적인 상식을 올리는 데는 크게 기여했다는 점에서 긍정적인 면도 있죠. 가령 미국 사람들에게 '리아스식 해안' 들어봤냐고 하면, 대부분 멀뚱멀뚱 질문한 사람을 바라볼 겁니다. 이게 욕인가 아닌가 판단하고 있는 것이겠죠. 반면 우리나라 사람의 경우에는 고등학교 때 얼핏 들어 본 기억이 있는 사람이 대부분일 거예요. 우리가 생각하는 것보다 이과적 지식을 많이 알고 있는 거예요.

　문제는 실제로 과학을 인문학보다 모른다는 것이 아니라 인문학을 모르면 조금 부끄러워하면서 '그래도 알아야 하는데'라는 인식이 있는 반면, 과학은 모르는 게 당연하다고 생각한다는 것입니다. 오히려 과학을 많이 알고 그것에 대해 설명하려고 하면 괴짜나 공부 벌레로 생각하죠. 영어 교재로 인식을 많이 한 90년대 최고의 히트 드라마 〈프렌즈〉에서도 여섯 명의 주요 등장인물 중 한 명인 과학자 로스는 틈만 나면 친구들에게 과학에 대해 설명하려 하고, 친구들은 대놓고 그를 무시하는 것으로 웃음 포인트를 삼았습니다. 최근의 최고 히트 드라마 중 하나인 〈빅뱅이론〉은 아예 드라마 전체가 과학 하는 사람에 대한 편견을 웃음 포인트로 만들죠.

　이런 인식에는 '과학은 과학자의 것'이라는 인식이 자리하고 있습니다. 그런 논리라면 철학은 철학자의 것이잖아요. 하지만 선, 도덕 같은 것에 대해서는 다들 나름의 정의를 가지고 살고 있거든요. 물론 이런 이야기들을 평소에 나누지는 않지만, 술 한잔하면 갑자기 자신의 '개똥철학'을 이야기하죠. 이처럼 철학은 우리 모두의 것이라는 인식이 있습니다. 사람들의 삶을 구성하는 기반이 철학이기 때문에, 이에 대한 인식이 있어야 삶을 제대로 살 수 있다는 생각이 은연중에 있는 거죠.

그런데 우리 삶을 구성하는 많은 기준과 원리의 한 축을 담당하는 것이 바로 과학입니다. 그리고 시간이 지날수록 점점 과학이 더 큰 축을 차지해 가는 것이 사실이죠. 그러므로 과학에 대한 최소한의 이해 없이는 우리 삶을 제대로 이해하기란 어렵습니다. 몸은 현대를 살지만, 생각은 그리스 시대를 살고 있는 것이나 마찬가지예요. 우리의 생활 이면에 있는 과학의 원리를 아는 것은 우리의 삶을 보다 더 근본적으로 들여다보는 기회가 됩니다.

그래서인지 대중들에게 잘 알려진 과학책은 대부분 인문적 소양을 가지고 서술됩니다. 그리고 잘 쓴 과학책들은 대부분 우리 생활에서 예를 들어 설명해 주죠.

과학자 하면 떠오르는 대표적인 인물인 카이스트의 정재승 교수는 대중들에게 과학적 업적보다는《정재승의 과학 콘서트》라는 책으로 더 먼저 알려졌죠(그렇다고 그분의 과학적 업적이 낮다는 것이 아니라, 책의 성취가 굉장하다는 거예요). 그리고 tvN의 예능 〈알쓸신잡〉에서도, 과학의 원리를 알기 쉬운 생활의 예로 풀어 주어 다시 한번 이름을 알립니다.

《정재승의 과학 콘서트》는 중·고등학교 교과서에도 실릴 정도로 대중적인 인기와 지적 성취를 모두 거둔 책입니다. 그 기저에는 과학을 과학에 머물게 한 게 아니라, 과학을 우리 삶으로 가져온 과학자의 인문학적 눈이 있습니다.

　　로버트 매슈스가 약간의 수학으로 증명했던 머피의 법칙들은 우리에게 무슨 이야기를 들려주고 있는 걸까? 세상에는 되는 일보다 안 되는 일이 훨씬 더 많다. 더 나은 상황이란 언제든지 있게 마련이니까. 일이 안 될 때마다 우리는 머피의 법칙을 떠올리며 '나는 굉장히 재수가 없구나'라고 생각하지만, 로버트 매슈스의 계산은 그것이 '재수의 문제'가 아니라는 것을 말해준다. 어쩌면 우리가 그동안 바라왔던 것들이 상당히 무리한 요구였는지도 모른다.

　　우리는 그동안 열두 줄이나 길게 늘어선 계산대 앞에서 내 줄이 가장 먼저 줄어들기를 바랐고, 변덕이 죽 끓듯 하는 날씨를 상대로 하는 일기 예보에 100퍼센트의 정확도를 기대했고, 식탁 높이에서 떨어뜨린 토스트가 멋지게 한 바퀴를 돌아 버터 바른 면이 위로 온 채 완벽하게 착지하길 바랐던 것이다. 머피의 법칙은 세상이 우리에게 얼마나 가혹한가를 말해주는 법칙이 아니라, 우리가 세상에 얼마나 많은 것은 무리하게 요구하고 있는가를 지적하는 법칙이었던 것이다.[11]

이 대목에서는 자신에게는 늘 안 좋은 일만 일어난다는 '머피의 법칙'을 과학적으로 풀어 설명해 준 다음, 그것을 우리의 생활에 적용했습니다. 이 책은 이렇게 과학의 현상이나 법칙들을 설명해 준 다음, 그걸 꼭 우리의 생활에 연결해요. 과학책이라는 본식만으로 그치는 게 아니라, 인문학적 달콤함을 얹은 디저트까지 포함된 세트 메뉴인 셈이죠. 물론 이런 세트 메뉴에 대중은 열광했고요.

과학책을 읽는 요령

과학책을 읽을 때는 과학 자체보다는 과학이 가진 인문학적 의미를 끌어 붙여 읽는 것이 효과적입니다. 과학의 원리를 아는 것도 중요하겠지만, 사실 보통 사람의 입장에서는 원리까지 알아야 할 이유는 많지 않아요. 하지만 그런 것들이 우리 삶에 어떻게 적용되고, 어떤 가치를 가지는가 하는 것은 찾아 읽어야 할 경우가 있어요. 친절한 과학자들은 그런 의미를 같이 써 주지만, 대부분의 과학자는 그렇지 않거든요.

사실 역사에 이름을 남긴 대부분의 과학자들은 성공적인 대중서 저술가이기도 했습니다. 지동설의 코페르니쿠스는《천체의 회전에 관하여》라는 책으로 알려졌고 뉴턴은 역학을《프린키피아》라는 책에서 소개했죠. 20세기 최고의 물리학자인 리처드 파인만은 대중적인 과학책 《파인만 씨, 농담도 잘하시네》로 유명합니다. 《이기적 유전자》의 리처드 도킨슨은 사람보다 책이 더 친숙하기도 해요. 그리고 칼 세이건 같은 천문학자는 《코스모스》라는 다큐멘터리와 동명의 책으로 세계적 명성을 떨치게 되죠.

　DNA 하면 생각나는 학자는 제임스 왓슨입니다. 왓슨은 DNA의 구조를 처음 밝혔죠. 왓슨의 '이중나선구조'라는 말을 어디선가 들어 봤을 겁니다. DNA의 형태가 이중나선 모양으로 되어 있다는 것인데, 생명체 내에서 유전정보가 저장되고 복제될 때 핵산 내 염기들이 쌍을 이룬다는 것을 밝혀, 20세기 가장 중요한 과학적 발견 중 하나로 여겨지고 있죠. DNA를 다룰 수 있게 구조를 밝혀 준 것이니까요.

　하지만 이는 왓슨의 단독 연구가 아니에요. 케임브리지대학의 배번디시 연구소에서 왓슨과 같이 연구를 한 프랜시스 크릭이 있었죠. 실제로 조금 더 공헌을 한 사람은 크릭이라고 알려져 있기도 합니다. 좀 더 깊이 들여다보면 DNA의 이중나선구조가 밝혀지는 데는 이 두 사람만의 연구가 있었던 것도 아닙니다.

　바로 경쟁자들이 있었는데요, 케임브리지대학의 킹스칼리지에서는 모리스 윌킨스와 로절린드 프랭클린이 이 연구를 하고 있었고, 성취 면에서는 오히려 왓슨과 크릭을 앞서가고 있었다고 하죠. 미국에는 라이너스 폴링이라는 석학이 있었고요. 폴링은 그때 당시 이미 노벨화학상과 노벨평화상을 수상한 저명한 학자였죠. 그런데 마침 라이너스 폴링의 아들이 케임브리지대학에 와 있어서 왓슨과 크릭은 폴링의 연구 소식을 간접적으로 전해 들었고, 폴링의 연구가 큰 자극이 되어서 연구를 서두를 수 있었답니다.

그리고 윌킨스와 프랭클린은 조금 더 직접적인 도움이 되었는데요, 이 둘이 연구를 하다가 의견 차이가 생겨서 갈라서게 된 거예요. 윌킨스는 둘의 연구 자료를 왓슨에게 넘기게 됩니다. 사실 그전에도 왓슨이 연구 자료를 공유해 달라고 요구했는데, 프랭클린의 반대로 이루어지지 않았었거든요. 그런데 윌킨스가 팀이 깨지자, 프랭클린의 동의 없이 둘이 같이 했던 연구자료를 왓슨에게 넘겨 주게 되었고, 이 자료가 결정적으로 작용해서 왓슨은 DNA 이중나선구조에 확신을 가지게 됩니다.

왓슨은 논문 등에 프랭클린의 이름을 빼 버리고 기재를 해서 영국 학자들은 부정직하다고 비난을 하기도 했어요. 하지만 윌킨스는 넣어 줬죠. 그래서 결국 DNA 이중나선구조라는 업적으로 노벨상을 탄 것은 왓슨 혼자가 아니라 윌킨스, 크릭과의 공동수상이었습니다. 프랭클린은 이미 세상을 떠난 후였지만, 만약 살아 있었다면 꽤나 억울했겠죠.

그런데 재미있는 것은, DNA 이중나선구조를 밝혀 내는 데 이처럼 다양한 학자의 업적과 생각이 다 영향을 미쳤는데도 불구하고, 우리는 왓슨 하나만 기억한다는 사실입니다. 그 이유는 바로《이중나선》이라는 책을 써서 대중적으로 알린 사람이 왓슨이기 때문입니다. 《이중나선》은 DNA 이중나선 구조에 대한 이론적인 책이라기보다는, 그런 업적을 이루는 과정을 흥미롭게 그린 연대기입니다. 과학자들의 갈등과 싸움 같은 것도 비교적 적나라하게 들어가 있어서, 과학에 특별한 관심이 없어도 흥미롭게 읽을 수 있는 책입니다. 다 읽고 난 뒤에 DNA에 대한 지식이 어느 정도 쌓이게 되는 것은 덤이죠.

물론 왓슨의 입장만 대변하고 있기 때문에, 여기 나오는 다른 사람들은 모두 탐탁지 않은 인물들로 묘사된다는 점은 이 책의 한계입니다. 한편으로는 결국 왓슨의 책이니 바람직하지는 않아도 자연스러운 관점이 아닌가 싶기도 해요. 사실 왓슨도 견해가 한쪽으로 치우칠 수 있음을 서문에 명시해 두었습니다.

물론 이 이야기에 등장하는 이들이 자기 입장에서 나와는 다르게 이야기할 수 있다는 점을 잘 안다. 그 이유는 동일한 일일지라도 경우에 따라 그들과 내가 다르게 기억하거나 두 사람이 각각 다른 입장에서 그 일을 경험했기 때문일 것이다. 이처럼 아주 엄격한 잣대를 들이댄다면 DNA 구조를 발견하기까지의 객관적이고 완벽한 이야기를 할 사람은 아무도 없을 것이다.

사정이 이러한데도 굳이 이 책을 쓰는 까닭은 주위 과학자를 비롯해 많은 분이 이중나선구조가 어떻게 발견되었는지에 관해 궁금해하였고, 그렇다면 비록 완벽하지는 않더라도 없는 것보다는 미흡하나마 들려 주는 것이 좋겠다는 생각이 들었기 때문이다. 그러나 더 중요한 이유는 내가 보기에 일반 대중이 과학의 발전이 어떻게 이루어지는가에 대해서 너무 모른다는 점이다. 그렇다고 과학이 모두 이 책에 기술된 방식으로 이루어지는 것은 아니다. 과학의 연구 방법은 과학자의 개성만큼이나 다양하기 때문이다. 나는 DNA의 이중나선구조를 발견한 과정도, 반대를 위한 반대와 정정당당한 경쟁, 그리고 개인적 야심이 뒤얽힌 과학계에서 벌어지는 일반적 현상을 그대로 답습하였다고 생각한다.[12]

과학 대중서는 과학이론만 가지고 쓴 책이 아닙니다. 과학책이기 때문에 어려울 것이라는 편견을 버리고 보면 생각보다 인간적인 과학자의 모습, 그리고 생각보다 우리 생활에 가까운 과학의 모습들을 발견할 수 있어요. 보통은 그런 책들이 대중적으로 알려졌기 때문이죠.

《이기적 유전자》에 관한 오해

물론 조금 더 과학적인 논의에 치중한 책도 있습니다. 그런 책들은 읽다가 포기하기 쉽죠. 처음 책을 살 때는 '이런 분야도 알아 놓아야지'라는 생각이었다가, 책을 조금 읽다 보면 '이런 분야까지 알아서 뭐 해'라는 생각으로 바뀌는 경우가 종종 있습니다. 한 문장한 문장 읽기가 버거워지고, 전문용어들이 눈앞에서 횡횡 날아다니는데, 너무 빠른 속력 때문에 무슨 말인지 보이지 않기도 하죠.

그래도 책을 계속 읽고 싶다면, 한 문장 한 문장을 다 이해하는걸 포기하면 됩니다. 거시적인 방향성만 보세요. '그래서 이야기가 어디로 가고 있는 것이지?'라는 생각으로 책을 넘기다 보면 간혹 들어오는 구절이나 단락들이 있을 거예요. 그런 거시적인 흐름만 따라가도 책을 읽고 나면 남는 게 있을 겁니다.

미시적인 문장에 집중하면 오히려 오독을 하게 될 수도 있습니다. 대표적인 책으로 리처드 도킨스의 《이기적 유전자》를 들 수 있습니다. 얼마 전 크게 히트했던 드라마 〈SKY 캐슬〉에서 서울대를 준비하는 예서라는 캐릭터가 이 책을 읽고 독서토론에서 자기 감상을 말하는 장면이 있습니다. 거기서 예서는 '자신이 1등하고 싶은 이기적 욕망에 충실한 것이 이 책에 의하면 자연스러운 것이다'라는 식으로 독해했는데요, 바로 이것이 《이기적 유전자》를 잘못 읽은 대표적인 예입니다.

일단 도킨스가 《이기적 유전자》라는 책이 쓴 이유는, 왜 자연계에서는 이타적인 행위가 일어나는가에 대한 것을 설명하기 위한 시도예요. 다윈의 《종의 기원》에 의하면 동물은 모두 다 이기적일 수밖에 없거든요. 그런데 인간을 포함해서 때때로 동물 가운데에서도 이타적인 행위를 하는 개체들이 나오더라는 말이죠. 자연선택, 적자생존 같은 살벌한 말이 난무한 다윈의 이론으로는 도무지 설명이 안 되는 것입니다. 그것을 설명하기 위해 나온 책이 바로 《이기적 유전자》입니다. 그러니 이 책을 읽고서 자신의 이기적 행위가 정당화되는 이유를 찾았다는 것은 완전히 반대로 해석을 한 셈인 거죠.

그런데 예서 말고도 《이기적 유전자》를 이렇게 해석하는 사람이 정말 많아요(지금 뜨끔한 분이 많을 겁니다). 아마 이 책을 보긴 봤지만 하나도 눈에 담지 못하거나, 제목만 보고 연상되는 느낌으로 이 책을 이해했기 때문이 아닌가 싶어요. 하지만 걱정하지는 마세요. 여러분만 그런 것은 아닙니다. 오히려 굉장히 많은 사람이 그 같은 오독에 빠지기 때문에 리처드 도킨스는 30주년판 서문을 이에 관한 이야기만으로 채울 정도였죠.

그런 식의 과오를 범할 위험이 있으니, 어떻게 이 책의 제목이 오해를 살 수 있는지 알 것 같다. 그리고 바로 이 때문에 '불멸의 유전자'를 책 제목으로 해야 했을지 모르겠다. '이타적인 운반자'라는 제목도 괜찮았을지 모른다. 너무 수수께끼 같은 제목이겠지만, 어쨌든 자연 선택의 단위로서 유전자 대 개체 사이의 명백한 논쟁은 해결된 셈이다. 자연 선택의 단위에는 두 종류가 있고, 이 둘에 대한 논쟁은 없다. 유전자는 '자기 복제자'라는 의미로서의 단위이고, 개체는 '운반자'라는 의미로서의 단위다. 둘 모두 중요하다. 어느 쪽도 경시되어서는 안 된다. 둘은 완전히 별개의 단위이며, 그 둘을 구별하지 못하면 우리는 어쩔 도리 없이 혼란에서 헤어나지 못할 것이다.[13]

그러니까 유전자는 이기적이고, 그런 특성 때문에 개체 간에는 이타성이 나타난다는 거예요. 개체가 이타적인 행동을 하는 이유는, 유전자 보존 차원에서 필요하기 때문이라는 겁니다. 매에게 사냥당하게 생긴 새 집단에서 한 마리가 매의 시선을 끌며 엉뚱한 방향으로 유도해 자신을 희생하는 경우가 있는데, 이는 자신이라는 한 마리 개체를 희생함으로써 전체 집단을 보존하기 위한 것이고, 그래야 자신을 포함한 종의 유전자가 후대에 살아남기 때문입니다. 그러니까 모성애, 부성애 이런 것도 유전자 보존 차원에서 일어나는 원초적 반응인 거죠.

요컨대 《이기적 유전자》가 말하는 것은, 이타적 행동으로 보이는 무리의 사회화 행동들이 사실은 유전자 수준에서는 유전자의 보존이라는 목적을 위해 기능할 뿐이고, 개체들은 유전자의 운반

자일 뿐이라는 것입니다.

〈SKY 캐슬〉의 예서는 1등하고 싶은 유전자의 이기적 욕망에 충실하겠다고 했는데, 리처드 도킨스는 유전자를 의인화하는 것을 경계하면서 머리말부터 본문까지 이런 부분에 대해 줄곧 언급합니다. 유전자에 욕망이 있는 것이 아니라 자신의 유전자를 후대에 보존하는 쪽의 행동을 하도록 프로그램화되어 있을 뿐이라고요. 사실 1등을 꼭 해야겠다는 욕망이나 프로그램은 유전자 보존에 큰 도움은 되지 않습니다. 성적으로 1등을 하거나 의사가 되는 것은 진화적으로 보자면 큰 의미가 없거든요. 차라리 외모가 더 좋거나 건강하다는 식의 신체적 강화가 유전자 보존과 확장에는 더 도움이 되죠. 그러니《이기적 유전자》를 읽으며 실제로 인간의 이기적인 욕망을 투영하는 것은 독해를 잘못한 것이 됩니다.

과학책을 읽는다는 것

과학책을 읽을 때는 세부적인 문장 하나하나를 이해하기보다는 전반적인 큰 흐름을 보세요. 뭐가 어떻게 변화했고, 그런 변화들이 어떤 영향을 미쳤는가 같은 거시적인 시각이 특별히 더 필요합니다. 원리 하나하나를 이해하는 것은 같은 분야가 아니라면 과학자에게도 쉽지 않은 일일 것입니다.

그러니 '결국 이 책이 말하고자 하는 것은 무엇인가' 같은 큰 흐름만 잡겠다고 생각하고 책을 술술 넘기다 보면, 적어도 핵심적인 주제에서 벗어나지는 않을 겁니다. 가령 양자역학을 세부적으로 이해하기는 어렵더라도, 절대적인 시간이라는 개념이 사실은 상대적일 수 있다고 밝혀졌다는 것이 우리에게는 더 중요할 수 있죠. 이를 이해하면, '영화에서도 시간여행이나 타임슬립 같은 것들이 비교적 자연스럽게 등장하기 시작한 것은 시간의 절대성에 대한 사람들의 개념이 깨진 뒤구나' 하고 2차적 이해도 가능하게 되고요.

과학책을 읽음으로써 우리는 삶과 인간을 더 본질적으로 이해할 수 있게 됩니다. 독서를 즐기는 분들 중에 편식을 심하게 하는 사람도 있어요. 좋아하는 것만 읽고, 좋아하는 장르만 책을 사죠. 하지만 인간의 삶은 그렇게 한쪽으로만 설계되고 이해되는 것이 아니거든요. 균형 잡힌 관점을 유지하기 위해서는 때로는 과학책 같은 별식도 필요합니다.

읽어 보았거나 읽어 보고 싶은 과학책은 무엇인가요?

왜 그 분야에 관심이 있나요?

읽어 보았거나 읽어 보고 싶은 과학책은 무엇인가요?

_____

_____

_____

_____

_____

왜 그 분야에 관심이 있나요?

_____

_____

_____

_____

_____

읽어 보았거나 읽어 보고 싶은 과학책은 무엇인가요?

왜 그 분야에 관심이 있나요?

눈을 뗄 수 없는
책들, 몰입감의 비밀

#밤새 읽은 책

#추리

#스토리

어떤 책이 잘 읽힐까?

———

저는 현재 교보문고의 큐레이션 서비스인 '북모닝 CEO'의 도서선
정위원입니다. 그리고 tvN의 독서 예능 〈요즘책방 : 책 읽어드립니
다〉의 도서선정위원이기도 했어요. YG 엔터테인먼트에서 아이돌
연습생들과 반년 정도 같이 책을 읽으며, 아이돌들의 정서 함양에
좋은 책들에 대해 조언을 한 적도 있죠. 제가 뽑아 놓은 '아이돌이
읽으면 좋을 책 리스트'가 지금도 있지 않을까 싶어요.

책에 관한 일을 하다 보니 책을 추천해야 할 일이 많습니다. 이
렇게 공식적인 책 추천 일도 있지만, 개인적으로 물어보는 분도 참
많아요. "어떤 책을 읽으면 좋을까요?", "요즘 읽으면 좋을 책 하나
만 추천해 주세요." 같은 요청들이죠. 한결같은 제 대답은 '제 책이

제일 좋다'는 것입니다. 다들 유쾌한 농담으로 생각하지만 80퍼센트 정도는 진담입니다.

사실 다른 사람에게 책을 추천하는 건 정말 어려운 일입니다. 어떤 옷을 사면 좋을지 추천해 달라는 것과 마찬가지예요. 그 사람이 좋아하는 것이나 취향, 어떤 자리에서 입을 것인지 등 옷을 추천하려면 알아야 할 요소가 너무나 많습니다.

책도 마찬가지예요. 개인의 취향과 지식뿐 아니라 책을 읽을 시간, 왜 읽으려 하는지 등 정말 여러 가지를 알아도 책 추천에 성공할까 말까예요. 왜냐하면 자신의 취향을 정확히 알고 말할 수 있는 사람이 많지 않아서, 그 말만 듣고서 추천하는 것도 쉽지 않거든요. 그런데 '좋은 책 추천해 달라'는 말에 "사람마다 달라요."처럼 정답이지만 성의 없어 보이는 대답도 없죠.

그래서 공통적으로 추천해 줄 만한 책을 찾아 보자면 일단 읽히는 책을 읽어야 한다는 것입니다. 책을 읽고는 있는데 마음은 다음 주에 놀러 갈 해변에 있고, 정신은 오늘 먹을 저녁 메뉴를 따라가고 있는 경우가 종종 있습니다. 책을 읽긴 하지만, 하나도 눈에 들어오지 않는 것이죠. 그런 경우 책을 덮어야 합니다. 차라리 멍하니 시간을 보내는 것이 정신 건강에는 더 좋을 수 있어요. 좋은 책은 잘 읽히는 책입니다. 그런데 잘 읽힌다는 기준이 사람마다 다릅니다. 사랑 이야기에 눈 떼지 못하는 사람이 있는 반면에 사랑 이야기만 나오면 몸을 긁으며 알레르기 반응을 일으키는 사람도 있으니 말이죠.

도대체 어떤 책이 잘 읽히는 책일까요? 물론 자신의 관심사에 관한 책이라면 엄청 잘 읽힙니다. 게다가 실용적인 필요성과 맞물리면 더욱 그렇죠. 예를 들어 암호화폐에 투자하고 싶어서, 비트코인 투자에 대한 책을 읽는다면 밤새워 읽어도 재미있을 수 있습니다. 하지만 암호화폐 자체가 그냥 하나의 암호 같아서 전혀 눈에 들어오지 않는 사람이라면 이런 책은 한 장 넘기기도 힘든 노동이 됩니다.

자신의 관심사여야 한다는 제1의 조건은 자기 자신이 가장 잘 아니 굳이 추천받을 필요가 없죠. 그래서 관심사라는 조건을 제외하고 잘 읽히는 책의 요소를 살펴볼 필요가 있어요.

책에 몰입감을 더하는 추리 기법

———

저 같은 경우에는 3일 밤낮을 새게 만든 책이 있었어요. 바로 김용의 《영웅문》 시리즈라고, 대중적으로 히트한 무협지입니다. 3부 여섯 권씩 총 열여덟 권인데, 3일 동안 하루 두 시간 정도 자면서 본 것 같아요. 몰입감이 엄청난 책이죠.

잘 읽히는 책은 보통 몰입감이 좋은 책입니다. 책을 보다가 시간을 보면 어느새 몇 시간이 훌쩍 지나가 있는 경험을 주는 책입니다(물론 책을 한참 본 것 같은데, 시계를 보면 5분밖에 지나지 않은 경우가 훨씬 더 많겠지만요). 이런 몰입감은 어디에서 기인하는 것일까요? 그 요인을 세 가지로 나눌 수 있습니다.

첫 번째는 '추리적 요소'입니다.

대학 시절에 교양과목으로 '소설 쓰기'라는 과목이 있었어요. 딱히 소설을 쓰고 싶다는 생각은 없었지만, 《객주》로 잘 알려진 김주영 선생님이 강의를 한다기에, 이런 대가를 또 언제 만나 보겠나 싶은 생각으로 신청했죠.

첫 번째 시간에 김주영 선생님은 자신이 전업 소설가로 먹고 살 수 있었던 비결을 알려 주겠다고 하더라고요. 전업 소설가가 될 생각은 전혀 없어 보이는 200명의 학생이 일제히 귀를 쫑긋하는 게 느껴졌습니다. 저 역시 누구보다 귀를 기울였죠. 괜히 궁금한 거 있죠. 답이 어찌나 강렬했던지 아직도 생생히 기억해요.

답은 아주 간단했어요. 처음은 무조건 '물음표'로 시작하라는 것이었어요. 예를 들어(이 예도 정확히 그때 들은 말이에요) '또각또각, 여성의 발자국소리가 울렸다.' 이런 식의 시작 말고, '또각또각, 왜 그녀는 이 시간 이런 길을 걷고 있는 것일까?'라고 시작하라는 겁니다. 책의 내용은 왜 그녀가 그 시간 그 길을 걸어야 했는지 설명하는 것이 되고, 그 이유가 마지막에 나온다면 독자들은 책에서 손을 뗄 수가 없다는 것이었습니다.

이것이 바로 추리 기법이죠. 최근에는 드마라나 영화도 웬만하면 추리 기법으로 시작하더군요. 넷플릭스는 알고리즘에 의해서 영화 추천도 하지만 콘텐츠도 만드는 것으로 유명하죠. 대중이 흥미 있어 하고 끝까지 보는 내용, 구성, 감독, 배우들을 AI로 분석해서 만드는데, 유독 넷플릭스 콘텐츠 중에 이 물음표로 시작하는 게 많아요. 넷플릭스에서 제작되는 드라마나 영화들을 보면, 처음에 '도대체 뭐지?'라는 의문을 주고, 시즌이 거듭되면서 그 의문을 풀어 가는 식으로 전개하는 게 많거든요.

넷플릭스의 초대박 히트작인 〈기묘한 이야기〉는 도대체 무슨 기묘한 일인가 하는 궁금증이 초반에 시청자의 흥미를 끌죠. 〈종이의 집〉 역시 인물들이 스페인 국립 은행을 점유한 이유는 무엇이며, 어떻게 빠져 나갈 것인가 하는 데 흥미를 가지고 계속 보게 됩니다(살바도르 달리 가면과 빨간색 낙하산복이 강렬한 이미지를 준 것도 크지만요). 이 드라마들은 추리 드라마가 아닌데도, 기본적으로 추리를 깔고 이야기를 진행합니다.

책도 마찬가지예요. 추리소설이 아닌데도 추리 기법을 쓴 책은 정말 많습니다. 스콧 피츠제럴드의 《위대한 개츠비》는 닉의 시선에서 개츠비의 행적을 따라가죠. '도대체 왜 개츠비는 밤마다 광란의 파티를 벌이는 것일까?'가 일단 독자가 풀어야 하는 첫 번째 의문입니다. 루이스 캐럴의 《이상한 나라의 앨리스》 역시 '도대체 이 이상한 나라는 뭐지?'라는 의문이 책 전반을 지배하고 있죠. 물론 끝까지 풀리지는 않지만요.

이런 고전들은 조금 몰입감이 떨어진다고 느끼는 분도 있을 텐데요, 그건 책 속 배경이 지금 시대와는 다르기 때문에 지금 우리가 궁금해하는 점들에서 조금 벗어나 있기 때문일 수도 있어요. 현대 작가 중에 추리 기법으로 작품을 쓰는 대표적인 작가는 히가시노 게이고일 것입니다. 게이고의 작품은 추리소설을 표방하는 경우도 많죠. 《나미야 잡화점의 기적》 같은 책은 추리 기법과 판타지 그리고 서사까지 어우러져서 그야말로 빅 히트를 했습니다.

하지만 추리 기법을 효과적으로 써서 히트 친 우리 시대 작가 한 사람을 뽑으라면 이 사람을 당할 수는 없죠. 바로 《해리 포터》를 쓴 J.K. 롤링입니다(풀네임은 Joanne Kathleen Rowling, 조앤 롤링이라고도 하나 이 책에서는 저작자의 표기를 따름—편집자). 《해리 포터》는 시리즈 한 편 한 편에 미스터리가 있고, 그것을 풀어 나가는 형식으로 구성되어 있습니다. 1편은 지하실에 보관된 마법사의 돌의 비밀을 풀어 나가는 것이었고, 2편은 아예 부제가 '비밀의 방'이었어요. 또 3편은 아즈카반의 죄수와 해리의 관계가 수수께끼의 핵심이었습니다.

"시리우스, 안 돼!" 루핀이 달려들어 블랙을 론에게서 끌어

내며 소리쳤다. "기다려! 이런 식으로 해선 안 돼. 저 아이들도 상황을 알아야지. 설명해 줘야 해."

"설명이야 나중에도 할 수 있어!" 블랙이 루핀을 떨쳐 내려 애쓰며 소리 질렀다. 스캐버스에게 뻗은 그의 한 손이 계속 허공을 움켜쥐었다. 스캐버스는 달아나려고 론의 얼굴과 목을 할퀴어 대면서 새끼 돼지처럼 꽥꽥거렸다.

"쟤들은, 모든 걸, 알, 권리가, 있어!" 여전히 블랙을 말리려고 애쓰며 루핀이 헐떡거렸다. "론은 저 녀석을 곁에 두고 길렀어! 나조차도 이해하지 못하는 부분들이 있다고! 그리고 해리는…… 네가 해리에게 진실을 말해 줘야지, 시리우스!"[14]

이처럼 7편까지 시리즈마다 해리와 독자가 풀어 나가야 하는 비밀이 있죠. 그리고 세부적으로도 계속 수수께끼와 의문이 계속 제시되면서 해리와 헤르미온느, 론은 숨 돌릴 틈 없이 해답을 찾아 나섭니다. 그리고 전 시리즈에 걸쳐서는 해리와 볼드모트의 관계라는 비밀이 있었고요. 《해리 포터》를 읽는 내내 '왜 해리만 볼드모트에게 대항할 수 있는가?'와 해리가 볼드모트랑 통하는 이유 같은 게 궁금하죠. 이처럼 《해리 포터》는 추리소설은 아니지만, 추리 기법을 아주 효과적으로 차용한 소설이라고 할 수 있습니다.

스토리도 중요하다

———

몰입감의 비밀 두 번째는 '스토리'입니다. 당연히 스토리가 부실하거나 스토리의 전개가 제대로 되지 않은 책은 잘 읽히지 않습니다. 특히 소설인 경우는 말이죠. 소설이 아니어도 스토리 전개가 뚜렷하고, 서사가 있으면 꽤 잘 읽힙니다. 글을 쓰는 입장에서라면 논픽션이라 하더라도 서사와 결합해서 서술하면 글의 몰입력을 높일 수 있다는 얘기죠. 보통 논픽션일 경우 성장 서사나 성공담과 결합하기 좋습니다.

예를 들어 타라 웨스트오버의《배움의 발견》은 자기계발서 중에서도 지루한 느낌을 주는 제목과는 달리 한번 손에 잡으면 놓기 힘든 책이죠. 경악, 흥미, 공포, 감동, 이 모든 감정을 단 한 권의 책으로 모두 체험할 수 있는 책입니다.

모르몬교 중에서도 상당히 강성이면서 조현병을 가지고 있는 아버지에 의해 타라는 제대로 된 성장의 환경, 배움의 기회를 제공받지 못하고 자랍니다. 타라는 모든 공적인 제도는 음모이며, 교회는 일루미나티에게 정복당했고 심판의 날이 곧 올 것이라고 배우죠. 문제는 지하철에서 이렇게 외치는 사람을 보면 우리는 그냥 지나치면 되지만, 타라는 그런 사람의 딸이라는 것입니다.

그런 타라에게 오빠 타일러는 고등학교 검정고시를 볼 것을 권하고, 공부를 할 수 있게 도와줘요. 다행히 17세에 고졸 검정고시에 해당하는 시험을 통과한 타라는 모르몬교의 대학으로 진학하게 되고, 이후 영국의 케임브리지대학에서 박사 학위까지 받아요. 그 중간에 하버드대에서 방문 연구원 생활을 하기도 하고요.

여기까지 이야기하면 타라가 이렇게 공부로 성공할 수 있었던 과정을 그린 책이라고 생각할 수 있는데, 아닙니다. 이 책의 주 내용은 타라가 스스로를 발견해 가는 과정입니다. 아버지에 의해 강요받아서 만들어진 정체성이 아니라, 자신이 자신의 생각과 주관대로 행동할 수 있는 자아를 찾아 내기까지의 과정이요.

그래서 이 책에서는 한 아이이자 여성이 가정폭력과 아동학대를 이겨내고 자신의 정체성을 찾아가기까지의 성장 스토리가 담겨 있습니다. 바로 그런 점이 눈 뗄 수 없는 몰입감을 선사하죠.

준비를 해야 한다는 것은 알고 있었다. 타일러 오빠가 지원서에 내가 갖추고 있다고 썼던 고등학교 졸업 자격에 해당하는 교육 수준을 갖추도록 노력을 하는 것은 당연했다. 하지만 어떻게 해야 할지 몰랐고, 타일러 오빠에게 도움을 청하기도 싫었다. 오빠는 퍼듀대학교에서 새로운 생활을 시작하고 있었다. 심지어 결혼 계획까지 있었다. 그런 마당에 나까지 책임지고 싶어 하지 않을 것 같았다.

하지만 크리스마스 때 집에 온 타일러 오빠가 《레미제라블》이라는 책을 읽는 것을 보고는, 그런 종류의 책이야말로 대학생들이 읽는 책이라고 생각했다. 그래서 나도 역사나 문학에 대해 좀 배워 볼 요량으로 그 책을 샀다. 그러나 《레미제라블》은 그런 것을 내게 가르쳐주지 않았다. 그럴 수가 없었다. 내게 허구의 이야기와 사실에 근거한 배경의 차이를 구분할 능력이 없었기 때문이다. 나폴레옹과 장발장 중 누가 역사적 인물이고 누가 허구의 인물인지 구분이 안 됐다. 두 사람 모두 한 번도 들어 본 적이 없는 사람들이었기 때문이다.[15]

타라의 성공으로 그 부모도 어느 정도 변화할 것을 기대했는데, 끝까지 그러지는 않더군요. 예를 들어 평생 아버지 편만 들어 왔던 어머니가 타라의 입장을 아버지에게 이야기해 주겠다고 합니다. "너도 내 딸인데."라는 타라 어머니의 말은 타라에게 큰 감동을 주기도 해요. 어머니만은 자신을 이해해 주었다며 감동받은 거죠. 하지만 나중에 알고 보니 어머니는 아버지에게 그렇게 말하지 않은 겁니다. 타라뿐만 아니라 책을 보는 많은 사람이 같이 실망한 장면이죠.

이런 장면은 소설이나 영화와는 다른 정말 현실의 이야기라는 느낌을 줍니다. 현실은 그렇게 쉽게 변하는 것은 아니니까요.

몰입하기 힘든 책을 몰입해서 보는 비법

———

때로는 읽기가 너무 힘든 책이 있어요. 이렇게 몰입감 없는 책을 몰입감 있게 읽는 방법을 하나 알려드리자면, 스토리 추출법이란 게 있어요. 물론 기본적으로 스토리를 갖추어서 잘 쓴 책이라는 게 전제되어야 합니다. 사실 잘 쓴 책도 아니고 지겹기까지 한 책을 굳이 공들여 읽을 필요는 없으니까요.

이 방법은 일단 스토리만 따라가면서 읽는 겁니다. 분명한 줄거리가 있는데 묘사, 설명 같은 중간 단계의 서술이 읽기 힘들어서 책을 놓게 되는 경우가 있거든요. 세계적인 석학이지만 책을 무척 현학적으로 쓰기로 유명한 움베르토 에코의 책들이 그렇습니다. 그중 지식인들이 무척 좋아하고 추천하는 책이지만 대중들이 읽기에 어려운 책으로 꼽히는 게 《장미의 이름》인데요, 이 책에 나오는 중세 시대의 지식, 당시 교회의 상황 같은 역사적 요소까지 하나하나 다 이해하면서 읽으려면 한 장 넘기기도 힘들 수 있습니다. 그러니 에코의 설명은 지나치면서 읽는 방법을 쓰는 거죠.

그런 수사적 요소를 걷어 내고 보면, 이 소설은 장서관의 살인과 그 후 촉발되는 연쇄살인들의 비밀을 파헤치는 추리소설에 가깝거든요. 이 소설 자체가 탐정의 아이콘인 셜록 홈즈에 대한 오마주로 쓰인 글이기도 합니다. 소설의 주인공인 수사 윌리엄은 바스커빌 지방 출신이죠. 셜록 홈즈 시리즈 중 최고로 꼽히는 《바스커빌

가의 개》에 나오는 그 바스커빌 말입니다. 추리 스타일이나 전개도 셜록 홈즈 판박이에요.

그런데 스토리 중간중간에 철학, 역사, 사회, 문화, 정치에 관한 여러 가지 지식이 망라되다 보니, 그런 것에 관심이 있는 사람을 제외하면 접근하기 어려울 수 있어요. 그래서 그런 요소는 흘려 넘기고, 일단 서사를 따라가며 한번 읽어 보는 것을 권합니다. 거기서 만족하면 그렇게 독서를 끝내면 되고, 다시 한번 봐야겠다 싶으면 세부적인 요소들까지 염두에 두어 가며 다시 읽으면 됩니다. 큰 줄거리를 아는 상태에서 세부적인 내용을 보시면 중간에 정신이 딴 데로 가지도 않고, 처음 볼 때보다는 그래도 어느 정도 눈에 들어올 것입니다. 이처럼 스토리 추출법을 활용하면, 독자 스스로 독서의 몰입감을 높일 수 있습니다.

독서의 몰입감을 높이는 마지막 요소

독서의 몰입감을 높이는 마지막 요소는 '감정이입'입니다. 극 중 인물에 감정이입을 하는 거죠.

'욕하면서 보는 드라마'라는 말이 있죠. 드라마를 욕하면서도 보는 사람은 대부분 작중 한 인물에 감정이입이 되어 있는 상태일 겁니다. 보통 사람들이 많이 감정이입하는 주인공은 가혹하고 불쌍

한 운명에 놓인 경우가 많죠. 그래서 그 인물의 운명이 어디로 갈지 궁금해하고 응원하며 보는 겁니다. 작가는 그런 사실을 잘 알고 있기 때문에, 그 인물에게 더 모진 (그다지 현실적이지 않음에도 불구하고) 시련을 주고, 그것 때문에 사람들은 더 욕을 하면서도 더욱 더 찾아보게 되는 거죠. 그냥 욕만 먹고 사람들이 찾지 않는 드라마는 어느 인물 하나 시청자들이 정 붙일 사람이 없는 경우겠죠. 딱히 감정이입이 잘 되지 않는 거예요.

신드롬급 인기를 얻은 드라마 〈응답하라〉 시리즈는 감정이입을 잘 이용한 예죠. 이 드라마의 특징은 '주인공의 남편 찾기'라고 볼 수 있어요. 첫 번째 시리즈인 〈응답하라 1997〉에서는 주인공 성시원의 남편이 윤윤제인가, 윤태웅인가가 드라마 끝까지 화두였고, 마지막화에 가서야 밝혀지죠. 그전까지 시청자들은 각각 자신들이 생각하는 남편을 두고 누가 되어야 한다며 인터넷상에서 끝없는 설전을 벌였습니다. 두 번째 시리즈인 〈응답하라 1994〉에서도 여주인공 성나정의 남편이 쓰레기인가, 칠봉이인가가 끝까지 논쟁이었고요, 세 번째 시리즈인 〈응답하라 1998〉에서는 아예 덕선이의 남편이 정환인가, 택인가 하는 논란으로 팬들은 '어남류'와 '어남택'이라는 말을 써 가며 싸웠죠. 어남류는 '어차피 남편은 류준열'이라는 말의 줄임말로, 정환 역을 맡은 배우 류준열을 지지하는 사람들이었고요. 어남택은 '어차피 남편은 택'이라는 말로 택이 역을 맡은 박보검을 지지하는 사람들이었죠.

제5장 눈을 뗄 수 없는 책들, 몰입감의 비밀   129

가상 인물과 상황을 놓고 싸웠다는 것, 게다가 '어남류'에는 류준열이라는 배우의 본명, '어남택'에는 택이라는 극중 이름을 붙인 것이 터무니없어 보이기도 하죠. 하지만 그만큼 콘텐츠에 작용하는 감정이입의 힘을 보여 주는 사례입니다.

드라마뿐 아니라 소설, 그중에서도 사랑에 관한 소설들은 독자의 감정이입을 유도하는 기법을 많이 씁니다.

저한테 넋 놓고 본 소설을 하나만 꼽으라고 한다면 이광수의 《무정》입니다. 교과서에서 우리나라 근대소설의 효시라고 배운 바로 그 소설 말이죠. 대학 시절, 한번은 시험 공부를 하다가 문득 책꽂이에 꽂힌 그 책이 눈에 들어오더라고요. 다들 알겠지만, 시험 기간에는 시험공부 빼고는 모든 걸 다 하고 싶잖아요. 그 소설을 한두 페이지만 본다는 것이 그만 밤을 새서 다 읽고 말았습니다.

《무정》의 메인 테마는 소설의 가장 고전적인 주제인 삼각관계죠. 주인공 형식이가 구시대의 상징인 영채와 이어질까, 아니면 신시대의 상징인 선형과 이어질까 하는 문제는 이 소설을 끝까지 손에서 놓지 못하게 하는 힘입니다. 심지어 결과를 알고 있는데도 과정이 흥미진진해요. 그 과정에서 독자들 역시 형식이처럼 갈등을 하게 돼요. 이 소설은 1917년《매일신보》에 연재된 소설로 당시 독자들 역시 형식이가 누구랑 이어지는지 너무 궁금해서, 시골에서도 신문을 사러 하루 몇 십리 길을 걷는 것을 마다하지 않았다는 일화가 있습니다. 그런 면에서 보면 〈응답하라 1988〉에서 어남류와 어남택을 놓고 싸웠던 2015년의 대중이나, 형식이가 영채와 이어질 것인가, 선형이와 이어질 것인가를 놓고 논란을 벌인 100여 년 전 1917년의 대중이나 별 차이가 없죠.

"아니 그렇겠니. 어쨌든 칠팔 년 동안이나 밤낮 생각하던 사람을 그렇게 어떻게 쉽게 잊겠니? 이제 얼마 지나면 잊을 테지마는……."

"잊어야 할까요?"

"그럼 어찌하고?"

"안 잊으면 아니 될까요?"

병욱은 물끄러미 영채를 보더니 영채의 곁에 가 앉아서 한 팔로 영채의 허리를 안으며

"형식 씨가 혼인을 하였다. 지금 동부인同夫人하고 미국 가는 길이란다."

"에? 혼인?"하고 영채는 병욱의 팔을 잡는다. 병욱은 위로하는 소리로

"아까 여기 왔던 선형이라는 이가 그의 부인이란다."

"그러면 그때에 벌써 약혼을 하였던가." 하고 지나간 일에 실망을 한다. 자기의 지나간 생활이 더욱 슬퍼지고 원통하여진다. 자기는 세상에 속아서 사나 마나 한 생활을 해 온 것 같

고 지금껏 전력을 다하여 오던 것이 아무 뜻이 없는 것 같아서 실망과 슬픔이 한꺼번에 터져 나온다. 더구나 자기는 몸과 마음을 다 바쳐서 형식을 생각하여 왔거늘 형식은 자기를 초개 같이 밖에 아니 여기는 것 같다.

"언니, 왜 그런지 원통한 생각이 나요."

"그러나 장래가 있지 않으냐." 하고 힘껏 영채를 안아 준다.[16]

이러면 결국 선형이와 이어진 것 아니겠느냐고 생각할지 모르겠는데, 속단하지 마시길. 유학을 같이 가기 위한 약혼 수준이라 아직 영채를 지지하는 사람들에게도 기회는 있으니까.

이성적 감정이입법

책을 읽을 때 등장인물에 감정이입해서 읽는 방법은 매우 효과적입니다. 그런데 극중 인물에 이입하기 좋게 쓰인 스토리라면 더할 나위 없겠지만, 독자가 정 붙일 수 있는 인물이 단 한 명도 없다면 책이 끝까지 눈에 들어오지 않겠죠. 그러면 독자 스스로 의지를 가지고 이입을 해야 할 텐데요, 감정이입까지는 아니더라도 지지하는 인물 하나쯤을 설정해서 보는 것도 방법입니다. 굳이 이름 붙이자면 '이성적 감정이입법'입니다. 보통의 감정이입은 감정적인 싱크로가 맞아서 이루어지지만 이성적인 감정이입법은 '그나마 이 인물의 행동이 제일 이해가 된다'는 식으로, 작중 인물 하나를 지지하는 것이죠.

예를 들어 메리 셸리의 《프랑켄슈타인》을 읽는다면 시체 조각을 모아 만든 괴물에게 감정이입하는 게 쉽지 않을 수 있어요. 그렇다고 그런 괴물을 만들고 무책임하게 버려 둔 프랑켄슈타인에게 감정이입하는 것도 쉽지 않습니다. 그런 경우 '그나마 이런 행동을 하는 캐릭터가 더 이해가 돼'라는 식으로 지지하는 캐릭터를 설정하는 거예요. 그러면 그 인물이 과연 어떻게 될지 궁금해서라도 일단 끝까지 읽게 될 겁니다.

밤새워 읽어 본 책이 있나요?

그 책의 어떤 점이 재미있었나요?

자신에게 몰입감을 주는 요소는 무엇이라고 생각하나요?

밤새워 읽어 본 책이 있나요?

그 책의 어떤 점이 재미있었나요?

자신에게 몰입감을 주는 요소는 무엇이라고 생각하나요?

밤새워 읽어 본 책이 있나요?

_____

_____

_____

_____

그 책의 어떤 점이 재미있었나요?

_____

_____

_____

_____

자신에게 몰입감을 주는 요소는 무엇이라고 생각하나요?

_____

_____

_____

_____

제6장

어떤 책들이
밀리언셀러가 될까?

#밀리언셀러

#킬러콘텐츠

#연금술사

#미움받을 용기

시대의 흐름이 호출하는 책

———

베스트셀러가 시대상을 반영하긴 하지만 당시의 사회상을 반영하는 정도라면, 밀리언셀러(100만 부 이상 팔린 책)는 더욱 거시적인 시대상을 반영합니다. 이는 인간 역사의 흐름이라고 할 수도 있고, 인류가 가는 방향성에 대한 것이죠. 수많은 사람이 그 책을 원한다는 것은 그 시대의 흐름과 맞지 않으면 있을 수 없는 일입니다. 시대의 흐름이 그 책을 원하는 것이기도 하고, 때로는 책이 시대의 흐름을 이끌기도 합니다. 파울로 코엘료의 《연금술사》는 1988년에 출간되었는데, 처음에는 브라질의 작은 출판사에서 900부를 찍었다고 합니다. 그런데 30년이 넘게 지난 지금은 전 세계 2,000만 부 이상이 팔린 초베스트셀러가 되었습니다. 그사이에 도대체 무슨 일이 일어난 걸까요?

연금술은 금속을 금으로 바꾸는 기술입니다. 인류는 4,000~
5,000천 년 전부터 연금술을 연구해 왔어요. 그러니까 우리나라로
치면 단군이 조선을 건국했을 때부터 연금술은 연구되어 왔다는
거죠.

연금술을 뜻하는 영어 단어가 'alchemy'인데요, 앞에 al을 떼면
chemy잖아요. 어디서 많이 본 단어 아닌가요? 예능 프로그램에서
나온 연예인들이 서로 잘 맞을 때 '케미'가 좋다는 말을 하죠. 이때
케미는 '케미스트리'chemistry(화학)를 줄인 말입니다. 그러니까 화학
적으로 잘 결합했다는 뜻이고, 어색하고 이질적이지 않게 잘 녹아
든다는 뜻이에요. 사실 연금술을 뜻하는 chemy가 chemistry의
어원이 된 거예요. 무슨 말인가 하면, 오늘날의 화학이라는 분야는
연금술을 연구하다 발전한 과학이라는 것이죠.

그런데 한 사람의 성장에 대해 말하는 이 소설에 왜 연금술사가
등장할까요? 주인공이 연금술을 찾아 떠나서이기도 하지만, 금속
이 황금이 되는 것처럼 사람의 성장이라는 것도 연금술 같은 것이
라는 메시지인 거죠. 연금술의 원래 의미는 단순히 금속을 황금으
로 바꾼다는 것이 아니라, 하나의 사물이나 대상을 끝까지 진화시
킨다는 개념이에요. 금속의 마지막 진화태가 황금이기 때문에, 연
금술을 통해 금속을 진화시켜 황금으로 바꾸는 거거든요. 마찬가
지로 이 책은 사람이 마지막 진화태에 다다르는 것에 대한 이야기

이기 때문에, 연금술사에 대한 이야기를 하고 있죠. 소설 마지막에는 연금술사가 마치 마법사처럼 바람을 부리고, 심지어 한순간 사람이 바람이 되기도 합니다.

《연금술사》는 스페인의 양치기 산티아고가 꿈에서 계시를 받고 이집트로 건너가, 보물을 찾아 피라미드로 향하는 것에서 시작합니다. 그 과정에서 산티아고는 도둑을 맞아 유리 가게에서 일하며 재산을 쌓기도 하고, 사랑하는 여인을 만나기도 합니다. 그러면서 더 이상 자신의 꿈인 피라미드를 향해 나가지 말고 그 자리에 머물라는 유혹이 찾아오죠. 돈의 모습이나 사람의 모습으로 말이에요.

하지만 산티아고는 현실에 안주하지 않습니다. 그 모든 것을 뿌리치고 자신의 모든 것을 걸고 꿈을 향해 나아가 마침내 연금술사를 만나게 됩니다. 그리고 그 연금술사의 충고에 따라 진정한 자신의 내면을 만나게 되죠. 드디어 자아의 신화를 이루게 되는 것입니다. 진정으로 자신이 원하는 것이 무엇인지 알게 되고, 자기 삶의 의미도 스스로 깨닫게 되는 거죠.

여기서 끝이 아니라, 산티아고는 자아의 신화를 이룬 끝에 다시 계시를 받게 되고, 자신이 찾던 보물이 원래 자신이 떠난 고장에 있었다는 것을 알게 돼요. 진정한 자신의 행복은 멀리 있는 것이 아니라, 언제나 자신 근처에 있다는 것을 상징하는 것입니다.

우리가 살아가면서 연금술을 터득할 확률은 아주아주 희박합니다. 현대에는 평범한 금속을 황금으로 바꾸는 것이 기술적으로 가능하다고 해요. 하지만 거기에 드는 비용이 그냥 황금을 사는 것보다 훨씬 크다고 합니다. 황금을 얻는 가장 저렴한 방법은 그냥 돈 주고 사는 거라고 하더라고요.

그러면 우리가 자아의 신화를 발견할 확률은 얼마나 될까요? 사실 자아의 신화라는 거창한 말을 써서 그렇지, 그냥 자신의 인생에 대해서 생각해 보고 자신에게 주어진 것에 감사하는 삶을 살아가는 일종의 깨달음에 대한 이야기거든요. 자기 자신과 주변 사람들을 억지로 변화시키려는 노력이 부질없다는 것을 알고, 존재만으로 감사하는 거죠. 그것이 우리 주변을 황금으로 만드는 비결인 겁니다.

이렇게 보면 자아의 신화를 이루는 사람은 연금술을 터득하는 사람보다는 많을 것 같네요. 물론 소소한 욕심까지 전부 내려놓는 일이다 보니 쉽지 않은 건 마찬가지겠지만요. 그래도 연금술과 달리 자아의 신화를 어떻게 달성할지는 조금 알 것도 같죠?

《연금술사》가 지금도 사랑받는 이유

《연금술사》는 간단히 말해, '금속이 진화를 거듭해 금이 된다는 연금술처럼 꿈을 잃지 않고 계속 추구하다 보면, 결국 자아를 찾고 자신의 보물을 발견하게 된다'는 이야기입니다. 이런 메시지가 지금 시대의 사람들에게 울림을 주었다는 것은, 거꾸로 보면 인간이 자아를 잃기 너무나 쉬운 환경이라는 뜻이기도 합니다. 기술 발달의 속도가 너무나 빨라지다 보니 시대에 적응하지 못하는 사람들이 급격하게 늘어나고 있습니다. 풍부한 경험에서 나오는 지식과 지혜 때문에, 노인이 존경받는 시대는 이제 농경사회의 신화가 되어 버렸습니다. 오랜 기간 쌓아 온 지식의 대부분은 점점 시대착오적인 쓸모없는 지식이 되어가고 있고, 새로운 기술에 맞춰 바뀌는 사회, 문화, 경제 등의 새로운 환경에 누가 빨리 적응하느냐의 싸움이 된 시대죠.

이런 시대에는 자아를 발견하기도 어렵고 지키기도 어렵습니다. 2000년대 들어서 스마트폰이 만들어 낸 새로운 사회상은 세상을 더욱 빨리 돌아가게 만들었고, 이런 시대에 《연금술사》는 호출된 것입니다.

연금술사의 짐을 뒤지던 병사는 액체로 가득 찬 작은 크리스털 플라스크와 달걀보다 약간 큰 노란색 유리알을 발견했다.

"이것들은 뭐요?"

"'철학자의 돌'과 '불로장생의 묘약'이오. 바로 연금술사들의 위대한 업이라오. 이 묘약을 마신 자는 결코 병들지 않을 것이며, 이 돌 한 조각만 있으면 그 어떤 쇠붙이도 금으로 만들 수 있다오."

아랍인 병사들은 어처구니가 없다는 듯 크게 웃음을 터뜨렸고, 연금술사도 그들을 보며 같이 웃었다. 병사들은 재미있는 사람이라고 생각했는지 별다른 트집 없이 짐과 함께 그들을 그대로 보내주었다.

"제정신이세요?"

병사들에게서 멀찍이 떠나왔을 때 산티아고는 휘둥그레진 눈으로 연금술사에게 물었다.

"어쩌자고 그런 말씀을 하셨어요?"

"그대에게 아주 간단한 세상의 법칙을 보여주기 위해서였네. 눈앞에 아주 엄청난 보물이 놓여 있어도, 사람들은 절대로 그것을 알아보지 못하네. 왜인 줄 아닌가? 사람들이 보물의 존재를 믿지 않기 때문이지."[17]

지금도《연금술사》는 많은 사람에게 사랑받는 인생책으로 자리하고 있는데요, 지금 시대가 이 책이 주는 메시지를 필요로 하기 때문일 겁니다. 이제는 메타버스까지 열려서, 메타버스 속 자아와 현실의 자아가 헷갈리는 상황도 곧 벌어지게 생겼으니까요.

신의 한 수로 꼽히는 제목

책 중에서는 시대에 맞는 제목만으로도 베스트셀러가 된 책도 있습니다. 철학자 기시미 이치로와 작가 고가 후미타케가 공저한 《미움받을 용기》입니다. 그렇다고 책 내용은 별로인데 제목 하나로 히트했다는 말을 하는 것은 아니고요, 책 내용도 좋지만 제목이 기가 막혔기 때문에 그 덕을 많이 봤다는 것입니다. 이 책을 읽는 분 중에서도 《미움받을 용기》를 산 분이 많을 텐데요, 만약 이 책의 제목이 책 내용에 충실하게 '아들러 심리학 입문'이나 '아들러를 읽고 나눈 대화'였다고 해도 이 책을 샀을까요? 그래서 제목 덕을 좀 봤다고 말하는 겁니다.

사실 책을 사 놓고 읽지 않는 사람도 많거든요. '미움받을 용기'라는 제목만 보고 에세이 같은 내용을 기대했다가, 읽어 보니 철학, 심리학 등에 관한 내용이 많아 중간에 포기한 사람도 많아요.

2008~2009년의 경제 위기 이후 안정적인 고용이라는 것은 점점 사라지고, 승진에 대한 직장인들의 생각도 달라지기 시작했어요. 높이 올라가서 관리직으로 가봤자 구조조정 대상이 되기 십상이고, 어차피 회사는 평생 고용을 보장할 생각이 전혀 없다는 것을 많은 직장인이 알게 되었습니다. 그러다 보니 직장 상사의 말에 무조건 복종하거나, 직장 내의 인간관계를 좋게 좋게 가져가야 할 필요가 없어졌죠. 어차피 승진을 노리는 것도 아니고, 평생 같은 직

장에 다닐 것도 아니니까요. 그러면서 전에는 무조건 참고만 지냈던 인간관계를 다시 들여다보게 되었습니다. 굳이 참을 필요가 없어졌으니 회식 자리를 거절하고, 부당한 명령에 저항하기도 해요. 동료의 실수를 참으며 회사 내 인간관계 구축에 힘쓰던 직장인들은 점점 자기 할 일만 잘하면 된다고 생각하게 되었죠. 이직할 때 이슈가 되는 건 자신의 경력과 성취지, 회사에서 인기 많은 '인싸'였는지 중요하지 않잖아요.

그래서 소모적인 인간관계에 힘을 낭비하지 않고, 애매한 부탁은 적절히 거절하며 자신을 챙기려는 사람들에게 《미움받을 용기》는 구원의 메시지를 던져 주었습니다. 아무래도 그런 자신이 '이기적이다', '깍쟁이다', '정 없다' 같은 뒷담화의 대상이 될 가능성이 많아서 솔직히 마음이 쓰이긴 했거든요. 그런 우리에게 이 책은 '미움받을 용기'가 필요하다고 말해 주죠. 그저 제목만 보고도 '그래 나를 위해 미움받을 용기를 내야지'라고 스스로를 다독일 수 있었습니다.

> 철학자 : 자네는 타인의 기대를 충족시키기 위해 사는 것이 아니네. 나도 타인의 기대에 부응하기 위해 사는 것이 아니고, 타인의 기대 같은 것은 만족시킬 필요가 없다는 말일세.
> 청년 : 아니, 그건 너무 이기적인 논리예요. 나만 생각하고 독선적으로 살라는 말씀입니까?

철학자 : 유대교 교리를 보면 이런 말이 있네. "내가 나를 위해 내 인생을 살지 않으면, 대체 누가 나를 위해 살아준단 말인가?" 자네는 자네만의 인생을 살고 있어. 누구를 위해 사느냐고 하면 당연히 자네를 위해 살아야겠지. 만약 자네가 자네를 위해 살지 못한다면 대체 누가 자네의 인생을 살아준다는 말인가? 우리는 궁극적으로 '나'를 생각하며 사는 거라네. 생각하면 안 될 이유가 없지.

청년 : 선생님. 선생님은 역시 허무주의의 독에 물들어 있어요. 궁극적으로는 '나'를 생각하며 산다? 그래도 괜찮다고요? 그건 너무 비겁한 생각입니다!

철학자 : 허무주의가 아닐세. 오히려 반대지. 타인의 인정을 바라고 타인의 평가에만 신경을 기울이면, 끝내는 타인의 인생을 살게 된다네.

청년 : 무슨 뜻이죠?

철학자 : 인정받기를 바란 나머지 '이런 사람이면 좋겠다'는 타인의 기대를 따라 살게 되지. 즉 진정한 자신을 버리고 타인의 인생을 살게 되는 거라네. 기억하게. 자네가 '타인의 기대를 만족시키기 위해 사는 것이 아니다'라고 한다면, 타인 역시 '자네의 기대를 만족시키기 위해 사는 것이 아니다'라는 걸세. 상대가 내가 원하는 대로 행동하지 않더라도 화를 내서는 안 돼. 그것이 당연하지.[18]

세대 간의 간극 때문에 히트한 책

———

직장인 얘기가 나왔으니 말인데, 변화하는 직장인들의 생각과 문화 때문에 공전의 히트를 기록한 책이 또 하나 있죠. 승진에는 관심이 없고, 오후 여섯 시에 칼퇴근을 하며, 회식 자리는 마음 내키면 참석하는 젊은 직장인들이 생기면서, 기존의 사회 구성원들은 당황했어요. 이들이 점잖게 이런 젊은 직장인들을 불러 충고를 한 마디 했더니, 곧 '라떼는 말이야' 같은 유행어로 오히려 조롱거리가 되었죠. 도대체 이 친구들은 뭘까, 왜 이러는 걸까 궁금해하던 차에 서점가에 나온 책이 바로 임홍택의 《90년생이 온다》였습니다. 《90년생이 온다》를 산 사람 중에 90년생은 거의 없다는 것이 서점가의 정설에 가까운 가설인데요, 이 책이 필요한 사람은 90년생을 이해하고자 하는 사람들이었기 때문이었죠. 이 분석적인 책을 쓴 임홍택 작가도 사실은 80년생입니다.

《90년생이 온다》는 정확하게 보자면 연차 어린 90년생들에게 회사 일을 잘 시키기 위해 그들 바로 위에 있는 80년생들, 그리고 젊은 사원을 이해하겠다는 엄청난 야심을 가진 70년생들이 주로 사 본 책입니다. 그런데 사실 그런 필요를 충족시키기란 불가능에 가깝습니다. 책을 사서 봐야 할 정도로, 이들 사이에는 엄청난 사고의 차이가 존재하거든요.

이전까지 세대들에게 회사는 인생의 최종 목적지였어요. 좋은 대학에 가는 것은 좋은 직장을 얻기 위함이고, 좋은 직장을 얻으면 정년보장과 높은 퇴직금 그리고 복지까지 안정적인 삶이 가능했죠. 대기업의 사원이 된다는 것은 안정된 인생 트랙에 올라탔다는 뜻이었어요. 그래서 그들은 변수를 최소화하기 위해 회사 안의 인간관계에 최선을 다하며 승진에 모든 걸 걸곤 했죠.

하지만 직장인들은 IMF를 겪으며 회사가 정년까지 보장해 주지는 않는다는 것을 알게 되었고, 2008년 경제 위기 때는 40대에도 구조조정을 당할 수 있다는 것을 알게 되었습니다. 그래서 IMF를 겪은 조부모와 2008년의 경제 위기를 겪은 부모 밑에서 자란 90년 생들에게 회사는 인생의 거쳐 가는 정류장이지, 결코 종착지의 이미지가 아니게 된 거죠. 젊은 세대들은 결코 회사와 자신의 정체성을 동일시하지 않습니다. 따라서 회사를 위해 한 걸음도 더 나아가지 않아요. 자신에게 요구되는 딱 거기까지만 역할을 합니다.

이렇게 회사에 대한 개념 자체가 틀린 90년생들과 그 이전 세대들이 같은 회사, 같은 팀으로 묶였는데 좋은 '케미'를 보여 줄 리가 없겠죠. 이런 상황에서 서점에 나온 《90년생이 온다》라는 책은 어떻게든 90년생들을 잘 달래서 '좋은 직원'을 만들어 보고자 하는 이전 세대들의 열망 때문에 히트한 책이 되었습니다.

밀리언셀러는 사회의 흐름에서 나온다

90년생에게 IMF와 경제 위기는 간접적인 경험이었지만, 코로나 위기는 직접적인 경험입니다. 코로나 위기는 회사에 대해 그 이전까지와는 완전히 다른 감각을 불러왔습니다. 구조조정의 위협은 기본적으로는 회사 자체는 존속한다는 전제하에 성립하는 것인데, 코로나로 인해 이제는 '회사 자체가 순식간에 없어질 수도 있겠구나' 하는 것을 느꼈거든요.

20~30대의 직장인들에게 회사는 경제적 자유를 획득하기까지 뒷받침해 주는 베이스캠프이지, 올라가야 할 정상이 아닙니다. 그래서인지 코로나 이후 서점가에서는 '부', '돈', '재테크', '부동산' 등의 제목이 들어간 책이 아니면 히트하기가 어려워지고 있어요. 직장인들이 경제적 자유를 획득할 수 있는 가장 직접적인 방법이 투자거든요. 주식, 부동산, 암호화폐 같은 것들이죠. 투자 곡선은 올라갈 때가 있으면 내려올 때도 있어요. 그런데 한동안 투자에서 재미를 보았던 직장인들은 하락장을 맞은 경험이 없습니다. 확실한 건 경제적 자유를 획득하려는 직장인들의 욕망은 사라지지 않을 것이고, 부업, 투잡, N잡 등의 키워드는 계속 살아남을 거라는 점입니다.

곧 2000년생들이 사회에 진출할 때가 됩니다. 이들은 코로나 때문에 대학 생활을 비대면으로 하고 사회에 진출하는 사람들이에요. 이들이 활동할 사회의 모습은 어떨지 불안한 동시에 기대감이 들기도 합니다. 그때는 또 어떤 책들이 밀리언셀러가 될까요? 분명 새로운 물결에 따른 사회적 충격을 반영한 책들이 히트 칠 겁니다. 밀리언셀러는 시대의 흐름을 반영하니까요. 그 책을 쓴 작가가 바로 제가 된다면 얼마나 좋을까요.

여러분에게 의미 있는 밀리언셀러는 어떤 책인가요?

어떤 시대 흐름에서 그 책이 나왔을까요?

그 책이 여러분에게는 어떤 의미를 주었나요?

여러분에게 의미 있는 밀리언셀러는 어떤 책인가요?

어떤 시대 흐름에서 그 책이 나왔을까요?

그 책이 여러분에게는 어떤 의미를 주었나요?

여러분에게 의미 있는 밀리언셀러는 어떤 책인가요?

어떤 시대 흐름에서 그 책이 나왔을까요?

그 책이 여러분에게는 어떤 의미를 주었나요?

제7장

고전이
고전인 이유

#생텍쥐페리
#셰익스피어
#최초의 자기계발서

고전이 고전인 이유

"고전은 왜 고전이 되었을까요?"

이 질문은 마치 "로미오, 그대는 왜 로미오인가요?" 같은 토톨로지tautology(주어와 술어가 반복되는 동어반복 명제)처럼 보이기도 합니다. 하지만 《로미오와 줄리엣》에 나오는 이 대사는 사실 "(오늘 만난) 로미오는 왜 (원수인 몬태규 가문의) 로미오인가요?"로 해석할 수 있어요. 처음 명제도 그런 식으로 해석해 보면 이렇습니다.

"(오늘날) 고전(이라 불리는 책)은 왜 (시대를 뚫고 살아남은) 고전이 되었을까요?"

고전은 시대를 뚫고 살아남아 오늘의 우리 앞에 우뚝 선 책들을 말합니다. 무조건 오래되었다고 고전이 아니라 시대마다 유용하게 읽힌 책이 고전이라는 거죠. 그러면 도대체 어떤 책들이 시대의 풍파에 상하지 않고 살아남아 지금 여기에 존재할까요. 책마다 상황이 달라 일반화하긴 힘들지만, 크게 보면 두 가지 특징을 알 수 있습니다.

해석의 여지가 많다

고전의 첫 번째 특징은 애매모호하다는 것입니다. 다른 말로 하면 은유나 상징이 많아 해석이 다양할 수 있다는 뜻이죠. 시대가 변함에 따라 고전은 다양한 해석을 덧입게 됩니다. 바꿔 말하면, 시대가 바뀌어도 달리 해석되면서 사람들에게 울림을 줄 수 있는 책이 고전인 것이죠.

《어린 왕자》는 감성적인 그림체, 작가인 생텍쥐페리의 베일에 가려진 죽음 등 여러 가지 요소로 전 세계 사람들의 사랑을 받지만, 역시 가장 중요한 것은 내용이죠. 소행성 B-612에 살던 어린 왕자가 자신의 장미와 다투고 여러 별을 떠돌다가, 지구까지 와서 사막에 불시착한 조종사를 만나게 되는 이야기입니다.

《어린 왕자》는 처음부터 우화적으로 쓰인 이야기인 데다가 내용도 비현실적인지라 그야말로 여러 가지로 해석될 여지가 있죠. 특히 마지막에 어린 왕자는 자신의 별로 돌아가는 방법으로 맹독을 가진 뱀에게 물리는 방법을 택하는데요, 저는 그게 꼭 자살하는 것처럼 보였거든요. 비록 어린 왕자는 "내가 죽은 것처럼 보일 거야. 하지만 그게 아냐."라고 말은 하지만요. 자신의 별에 돌아가기 위해 몸까지 가져갈 수는 없어 정신만 가져간다는 것은, 육신을 입고 지구에 온 인간들이 육신을 벗고 신의 세계로 돌아간다는 종교적 설정을 연상시켰습니다. 이 마지막 장면만 가지고도 "내 생각은 달라."라고 할 분이 많을 겁니다.

《어린 왕자》는 보통 사람 관계에 대한 이야기, 사랑하는 마음에 대한 말랑말랑한 이야기로 읽히지만, 사실 초반부에는 사회풍자적인 요소도 많습니다. 어린 왕자는 지구에 도달하기 전에 여섯 개의 별을 지나는데, 그중에는 정작 대화를 나눌 사람이 없는 왕이 있는 별도 있고, 별의 수를 세면서 그 별이 자신의 소유라고 주장하는 사업가도 있어요. 별을 소유한다면서 자기 서랍에 예금만 해놓는데, 그게 무슨 소용이 있냐고 어린 왕자가 핀잔을 주죠. 세 발자국만 걸으면 한 바퀴를 돌 수 있는 작은 별에서 가로등을 켜는 사람은 금방 낮과 밤이 바뀌기 때문에 30초 단위로 쉴 틈 없이 가로등을 껐다 켜야 하는데요, 어린 왕자는 이 사람은 그래도 남을 위해 일하니, 왕이나 사업가에 비하면 나은 사람이라고 말합니다.

지금이야 그런가 보다 하겠지만, 생텍쥐페리가 《어린 왕자》를 쓴 때는 제2차 세계대전이 한창이었던 때죠. 몰락한 왕이 실제로 존재했고, 대공황 이후이기도 해서 자본가와 노동자의 대립은 심각했었죠. 따라서 어린 왕자의 앞부분은 당시 사회에 대한 풍자로 읽어도 크게 무리는 없어요. 지금은 이런 의미는 간과된 채 사랑받는 책이지만, 이 메시지는 시대가 바뀌어도 통할 수 있습니다. 왜냐하면 꼭 자본가가 아니더라도 이 이야기 속 사업가처럼 의미 없는 짓을 반복하는 사람들은 어느 시대에나 존재하거든요. 자기 충족적인 연구만 하면서 학문의 진보라고 떠드는 학자, 국민의 뜻을 들먹이며 자기의 뜻대로만 하는 정치인 등에 대한 은유로 해석해도 크게 이상하지 않잖아요.

그중 가장 먼저 만난 왕의 이야기는 지금의 권력자나 기득권자들에게도 시사하는 바가 있습니다.

"그럼 저 모든 별도 폐하의 명령을 따르나요?"

"물론이지. 모두가 짐의 명령을 따르지. 짐은 명령을 거역하는 것을 절대 용서하지 않는다."

어린 왕자는 왕의 막강한 권력에 감탄했다. 자신에게 그런 권력이 있다면 의자를 끌어당기지 않고도 해가 지는 모습을 하루에 마흔네 번뿐만 아니라 일흔두 번, 아니 백 번, 이백 번이라도 볼 수 있을 텐데! 그러자 문득 자신의 작은 별이 떠올라 조금 슬퍼진 어린 왕자는 왕에게 용기를 내어 부탁했다.

"폐하, 해가 지는 모습이 보고 싶습니다. 부탁이에요. 해가

지도록 명령해 주세요.”

“만일 내가 어느 장군에게 나비처럼 이 꽃에서 저 꽃으로 날아다니라고 하거나, 비극 한 편을 쓰라거나 물새로 변하라고 명령했는데 그 장군이 내 명령을 따르지 않는다면 그것은 그의 잘못이겠느냐? 나의 잘못이겠느냐?”

어린 왕자는 자신 있게 대답했다.

“폐하의 잘못입니다.”

“그렇지. 분명히 그가 할 수 있는 것을 요구해야 하니라. 권위는 사리에 맞았을 때 주어지는 것이다. 만일 네가 너의 백성에게 바다에 뛰어들라고 명령했다면 반란이 일어날 것이다. 내가 복종을 요구할 권리를 갖게 된 것은 내 명령이 이치에 어긋나지 않기 때문이다.”[19]

인간의 본질을 다룬다

고전이 살아남는 또 다른 특징은 인간의 본질적인 부분을 다룬다는 점입니다. 인간의 본성이나 본질적인 부분이 작품의 주요한 주제라면, 그 작품은 시대를 초월해 사랑받을 수 있죠.

나서 자라고 사랑하고 일하며 살아가는 것은 어느 시대나 모든 사람이 하는 것입니다. 그 환경이나 여건이 조금씩 다를 뿐이죠.

희로애락의 감정 역시 마찬가지입니다. 이처럼 인간의 본질적인 면을 다룬 내용은 어느 시대에 읽어도 크게 다르지 않거든요. 예를 들어 인간이 번식을 통해 자식을 생산하는 사랑 이야기는 언제라도 통하기 마련입니다. 셰익스피어의 《로미오와 줄리엣》이 아직도 책으로 발행되고, 영화나 연극으로 끊임없이 재창작되는 것은 금지된 조건을 뚫고 사랑하는 이야기라는 인류가 공감할 요소를 가지고 있기 때문이죠.

조금은 씁쓸한 고전도 있습니다. 시대가 달라지면서 상황이 개선되어야 하는데, 거의 바뀐 게 없어서 여전히 많은 이가 공감하는 소설이 있죠. 바로 헤르만 헤세의 《수레바퀴 아래서》입니다. 19세기 말 독일의 교육제도 아래에서 학생들이 느끼는 시험이나 공부에 대한 압박이 놀랍게도 21세기 대한민국의 학생들이 느끼는 압박과 높은 싱크로율을 자랑합니다.

그런데 시험이나 선생님들의 압박 말고도 더욱 공감 가는 것은 주인공인 한스의 상태죠. 하고 싶은 것도 되고 싶은 것도 없이 어른들이 시키니까, 그저 해야 하니까, 상급 학교에 진학해야 하니까 공부를 하는 상태. 우리가 중·고등학교를 지나 온 그 궤적과 다를 바가 없어요. 말하자면 대학을 왜 가야 하는지, 공부는 왜 해야 하는지에 대한 이유나 동기 없이, 그냥 어른들이 시키니까, 남들이 다 하니까 하던 그 상태 말입니다.

《수레바퀴 아래서》는 시골 학교의 우등생인 한스의 이야기입니다. 시골 천재들이 늘 그렇듯이 동네의 기대를 한 몸에 받고 당시 우등생들이 모이는 신학교에 가는데, 한스는 학교에 적응하지 못합니다. 한스에게 나쁜 영향을 끼친 하일너는 퇴학을 당하고, 한스역시 문제아로 낙인찍혀 결국 학교를 떠나게 됩니다.

고향으로 돌아온 한스는 기계공이 되려고 수련 과정을 밟게 되는데, 당연히 적응이 힘들죠. 어느 일요일 같이 일하는 기계공들과술을 마시고 취해서 기분이 좋아진 한스는 술에서 깨며 수치심과자책감에 흐느껴 웁니다. 그리고 한스는 물에 빠져 죽은 채 발견되죠. 작가는 이 죽음이 자살인지 사고사인지는 정확하게 밝히지 않습니다. 하지만 그동안 한스의 상태를 보면 자살이 아니라 사고사라고 해도 물에 빠졌을 때, 적극적으로 살려고 하지는 않았을 거라는 것 정도는 짐작할 수 있습니다. 결국 한스는 수레바퀴 아래에깔려 버린 셈입니다.

이 소설에서 수레바퀴는 권위, 기성세대, 사회, 억압, 책임, 제도, 공부 같은 것들을 상징합니다. 한스는 수레에 올라타려다가 결국수레에 깔려 버리는 인물입니다. 그런데 여기서 가장 커다란 의문.한스는 도대체 왜 수레바퀴 아래로 들어가게 된 것일까요? 많은어머니가 말하듯 '우리 애는 착한데 친구를 잘못 만나서'일까요?

하일너가 한스의 일탈에 영향을 준 것은 사실이지만 제가 보기에는 하일너가 아니어도 한스는 언제든 제도권에서 튕겨 나올 수있는 아이였습니다. 왜냐하면 한스가 가장 잘하는 공부가 사실은 한스의 개인적인 욕망에 기인한 것이 아니었기 때문이죠. 한스가 공부를 하고 신학교에 입학한 것은 어른들의 기대와 욕심이 투영된 결과였고 사회나 제도가 강요한 것일 뿐 한스의 의지는 전혀 없습니다.

신학교에 합격한 후에 좋아하는 낚시를 하면서 실컷 놀 수 있을 때도 어른들은 공부를 해서 신학교 생활에 대비할 것을 권하죠. 신학교에 간 후에도 처음에는 그저 공부만 하는데, 하고 싶은 게 없어서 무엇을 해야 할지 몰랐기 때문입니다. 투여된 욕망에 기인한 행위, 다른 사람의 기대를 충족시키기 위해 하는 행위가 언제까지 계속될 수는 없죠. 결국 하일너를 통해 다른 세계를 알게 된 한스는 그 기대에서 탈락하고 맙니다.

한편 아무도 학교와 아버지, 몇몇 선생님들의 탐욕스러운 명예심이 연약한 소년의 영혼을 무참히 짓밟았다는 사실을 깨닫지 못했다. 왜 한스는 예민한 소년기에 밤늦도록 공부에 매달려야 했을까? 무엇이 그에게서 토끼를 빼앗았는가? 왜 낚시질과 산책을 못 하게 했는가? 어째서 시험이 끝난 뒤의 휴식을 방해했는가? 마침내 지칠 대로 지친 노새는 길가에 쓰러지고 말았다. 여름이 시작될 무렵 마을 의사가 한스를 한 번 진찰하더니, 예전처럼 성장기에 나타나는 신경 쇠약 증세라는 진단을 내렸다. 그리고 방학 동안 충분한 식사를 하고 휴식을 취하면 병이 나을 것이라고 말했다.

그러나 안타깝게도 방학이 되기 전에 좋지 않은 일이 일어났다. 방학이 시작되기 3주일 전의 일이었다. 한스는 오후 수업 시간에 선생님으로부터 심한 꾸중을 들었다. 선생님의 꾸지람이 계속되자, 한스는 겁에 질려 떨면서 울음을 터뜨렸다. 그 이후 수업은 중단되었고, 한스는 몇 시간 동안 침대에 누워 있었다.[20]

타인의 기대에 의해 공부해 온 한스. 그는 어른들의 기대와 욕망이 없어진 후에야 자신이 주체적으로 한 일이 없고, 그런 관성 때문에 앞으로도 그렇게 할 수 없다는 사실을 알게 되죠.

그래서 신학교를 벗어난 후의 한스는 매우 무기력하고 소극적입니다. 기계공이 되는 것도 아버지가 선택을 강요해서이고, 연애면에서도 상대 여성에게 거의 농락을 당하는 수준이죠. 한스의 마지막도 주체적으로 스스로 자살을 한 게 아니라 사고사인지 자살인지 불분명하게 그려져요.

다른 사람의 기대에 맞춰 자신을 꾸렸던 사람은 자신의 희망과 기대, 비전을 세우는 법 자체를 모릅니다. 자신이 그런 것들을 세우지 않으니 당연히 삶은 타성적이 되고, 하고 싶은 일도 해야 할 것도 없는 상태가 되죠. 우리의 상태와 매우 비슷하지 않나요? 진학을 할 때도 왜 그 과나 전공에 지원하는지 모르고, 취업을 할 때도 왜 그 직무나 직업을 가지려고 하는지 몰라서 지원동기를 쓰기가 제일 어렵죠.

《수레바퀴 아래서》는 지금도 청소년들이 가장 공감하며 읽는 책입니다. 그러고 보면 이 책이 고전으로 남은 것은 꼭 교육제도의 유사함 때문만이 아니라 청년들이 사회로 들어가면서 겪는 '무지향으로 인한 방황'에 공감하기 때문이 아닐까요. 사실 어떤 일을 몇 년 해보기 전까지는 그 일을 잘하는지, 좋아하는지, 적성에 맞는지 알 수 없잖아요. 그리고 꿈이나 비전이 없을 수도 있죠. 사실 지금의 획일화된 교육제도 하에서는 그런 게 있는 학생들이 오히려 별종이라고 할 수 있어요.

고전에 머물지 않아야 고전이 된다
———

고전으로 남는 책이 꼭 소설만 있는 건 아닙니다. 오히려 고전이라고 하면 소설이 아닌 것들이 먼저 떠오르기도 합니다. 공자의 《논어》나 맹자의 《맹자》, 플라톤의 《국가론》이나 아리스토텔레스의 《시학》 같은 책은 고전이라는 카테고리가 너무나 어울리죠.

고전의 중요한 요소인, 시간을 관통하는 인간의 본질에 대한 메시지가 소설에서는 은유적으로 드러나는 반면, 이런 책들에서는 직접적으로 전해집니다. 이런 책들에는 오늘날에도 통하는 인생의 진리나 사회의 원리가 담겨 있습니다. 그렇기 때문에 케케묵은 옛날이야기가 아니라, 오랜 시간 전승되어 온 현인들의 조언인 것이죠.

세계 최초의 자기계발서라고 할 수 있는 아리스토텔레스의《니코마코스 윤리학》은 아리스토텔레스가 자신의 아들에게 전하는, 인생을 사는 지혜입니다. 아리스토텔레스가 말한 삶의 궁극적 가치는 바로 '행복한 삶'입니다. 그의 스승인 플라톤이 선의 이데아 같은 조금은 추상적인 가치에 대해 논했다면, 아리스토텔레스는 현실적이고도 구체적인 삶의 행복에 대해서 논하죠. 그래서《니코마코스 윤리학》을 아리스토텔레스의 행복론이라고도 합니다.

이렇게 보면 행복은 아주 널리 사람들이 소유하는 것이라 하겠다. 왜냐하면 덕에 대한 능력이 아주 없어지지 않은 사람이라면 누구나 어떤 학습 내지 마음 씀에 의하여 행복을 얻을 수 있기 때문이다. 그리고 이와 같이 학습이나 마음 씀에 의하여 행복한 것이 우연에 의하여 행복한 것보다 낫다고 한다면, 세상 이치가 이렇게 된 것은 잘 된 일이라 하겠다. 자연물은 본래 자연물답게 좋고, 기술이나 다른 어떤 이성적 요인에 의거하는 모든 것은 그것답게 좋고, 모든 원인 가운데 최선의 것에 의거하는 것은 또한 특별히 그것답게 좋기 때문이다. 가장 위대하고 가장 고귀한 것을 우연에 의한 것으로 보는 것은 매우 엉성한 생각이다.[21]

2,300년 전의 이야기인데 지금 읽어도 우리에게 공감이나 메시지를 줍니다. 문체만 조금 현대화하면 지금의 자기계발서 메시지와 일치하는 부분이 있죠. 그것이 바로 고전이 고전이 된 비결입니다. 어느 시대에나 통하는 보편적 메시지를 갖춘 책이야말로 고전으로서의 자격을 갖췄다고 할 수 있습니다.

고전을 읽는 가장 좋은 방법

앞서 고전에 대해 설명할 때 '시대의 풍파에 상하지 않고'라는 말을 했는데, 이는 사실 보완이 좀 필요한 수사입니다. 이 표현은 변화하는 외부 환경에도 불구하고 원본 그대로 현재에 도착했다는 뜻으로 비칠 수 있는데, 실상은 그렇지 않거든요. 오히려 포장이 바뀌고 겉모습이 바뀌어, 풍파에 상한 모습이어야 지금 여기에 도착할 수 있습니다. 대신 알맹이는 원래의 단단한 모습 그대로 있어야 합니다. 그러니까 본질적인 알맹이는 그대로 간직하고 있지만, 포장은 시대에 따라 재해석되어, 시대에 맞게 전환되는 것이 고전입니다.

그래서 고전을 읽는 행위는 그야말로 '온고지신'溫故知新, 옛것을 익혀 새것에 적용하는 것입니다. 책을 읽었는데 그 책이 여러분의 과거에만 머물러 있으면 그것은 반쪽짜리 독서입니다. 책의 내용은 지금 우리의 상황에 말을 걸어야 하며, 우리의 미래 역시 변화의 가능성에 놓아야 하는 것이죠.

그래서 고전을 읽는 가장 좋은 방법은 '이 책이 지금의 나에게 해주는 말은 무엇인가'에 귀를 기울이는 것입니다. 책은 창문이 아닌 거울입니다. 책을 보며 나를 들여다보는 것이죠. 고전은 어느 시대에나 유사한 인간의 본질에 대한 것들을 다루기 때문에 특별히 더 잘 닦인 거울이라고 할 수 있습니다. 고전을 볼 때 당시의 시대적 상황과 작가의 이력 등에 너무 큰 영향을 받지 말고, 그냥 책이 지금 여러분에게 건네는 바로 그 말에 귀 기울이세요. 좋은 고전은 반드시 현재의 나에게 말을 걸어 올 겁니다.

여러분의 기억에 남은 고전은 무엇인가요?

그 책이 왜 기억에 남았나요?

그 책이 인류에게 주는 보편적 의미는 무엇일까요?

여러분의 기억에 남은 고전은 무엇인가요?

그 책이 왜 기억에 남았나요?

그 책이 인류에게 주는 보편적 의미는 무엇일까요?

여러분의 기억에 남은 고전은 무엇인가요?

그 책이 왜 기억에 남았나요?

그 책이 인류에게 주는 보편적 의미는 무엇일까요?

제8장

한 분야를
대표하는 책의 조건

#파인만

#베버

#코페르니쿠스

어떤 분야에 대해 알고 싶다면

"분야별로 대표적인 책을 뽑아 주실 수 있나요?"

이런 요청을 종종 받습니다. 어차피 읽을 것도 아니면서 묻는 사람도 많아요. 아마도 한 분야를 한 번에 아우를 수 있는 책을 읽어봄으로써 그 분야의 단기속성 지식에 도달하려는 야망의 발톱을 드러내는 요청이 아닌가 싶긴 한데요, 한 분야를 알려면 그래도 책을 몇 권씩 비교해 보면서 읽어야 자신의 이해와 관점이라는 것이 생기잖아요. 그래서 그런 요청에는 정중히 이렇게 말합니다.

"당연하죠. 어떤 분야의 책을 추천해 드릴까요?

이때 가장 많이 말하는 게 과학 분야예요. 책 좋아하는 분들의 아킬레스건이 과학인 경우가 많거든요. 그러면 문제는 더더욱 복

잡해지죠. 과학도 분야가 다 다르잖아요. 물리학자가 생물에 대해 말하는 것은 문학평론가가 반도체에 대해서 이야기하는 것이나 마찬가지입니다. 물리, 화학, 생물, 지구과학 같은 기초과학을 넘어 응용과학까지 염두에 두면 대표적인 과학책 선정은 더더욱 불가능해집니다. 그래서 저는 이렇게 말합니다.

"《파인만의 여섯 가지 물리 이야기》를 읽어 보세요."

찰스 다윈의 《종의 기원》, 아이작 뉴턴의 《프린키피아》, 스티븐 호킹의 《시간의 역사》 등 과학사에 길이 남을 의미 있는 작품은 너무나 많습니다. 하지만 '과학책 추천해 달라'는 분의 눈높이를 생각하면 그런 책들은 한 장 읽는 것도 고통스러울 가능성이 꽤 있거든요. 그래서 조금은 대중적이면서도 과학에 대해 탄탄하게 접근한 책부터 시작하면 좋겠다는 생각에서 《파인만의 여섯 가지 물리 이야기》를 추천하곤 합니다.

자신이 그동안 별로 관심 없던 분야에 새롭게 도전할 때는 입문서나 대중서가 효과적입니다. 이런 책은 보통은 그 분야에서 이름이 알려진 사람이 쓰는 경우가 많아요. 왜냐하면 대중서를 쓸 수 있는 학자들은, 보통은 어려운 이야기를 쉽고 재미있게 전달하는 능력을 가지고 있고, 바로 그런 능력 때문에 대중에게 알려져 있을 가능성이 크거든요. 작가가 친숙하면 책 읽는 것도 재미있습니다. 작가의 강의가 잘 알려져 있고 익숙한 경우에는 책을 읽는데 마치 음성 지원이 되는 것처럼 느껴지기도 하죠. 예를 들어 tvN 예능으로 본격적으로 인기인 반열에 오른 정재승 교수님 같은 경우 강연록을 가지고 《열두 발자국》이라는 책을 냈는데, 이 책을 읽으면서 정재승 교수님의 차분한 말투가 음성 지원된다고 하는 사람이 많더라고요.

또한 대중서는 해당 내용의 가장 핵심적인 것만 정확히 전달하는 것이 목적이기 때문에 헷갈리는 부분이 많지 않아요. 학자들을 대상으로 한 책은 메시지가 있고, 그것을 증명하거나 뒷받침하는 논거들을 쭉 나열하는 경우가 많거든요. 그래서 일반인이 보면 비슷한 소리를 계속 반복하는 것처럼 보일 수 있습니다. 반면 대중서는 일반인들에게 사족처럼 느껴지는 (하지만 전문가들에게는 중요한) 아주 디테일한 부분은 어느 정도 정리해서 설명해 줍니다.

《파인만의 여섯가지 물리 이야기》는 '물리학에서 단 한 가지만 전승할 수 있다면 무엇을 남기겠는가?'라는 흥미로운 질문으로 시작해요. 사실 이 질문을 보기 전까지는 단 한 번도 생각해 본 적이 없는 질문이지만, 막상 이런 질문을 보면 흥미가 생기긴 하죠. 그것은 바로 '원자가설'이라고 합니다. 이 책은 원자가설에 대한 설명으로 시작해서, 자연계의 4대 힘, 에너지 보존법칙 그리고 중력에 대해 이야기해요. 마지막에는 심지어 양자역학까지 나옵니다.

파인만은 자신의 강의(강의를 책으로 만든 거거든요) 방향에 대해 다음과 같이 말합니다.

　　그렇다면, 제일 먼저 무엇을 가르쳐야 하는가? 상대성이론
이나 4차원 시공간 이론 등과 같이 '맞기는' 하지만 생소하고
어렵기만 한 법칙들을 먼저 언급하는 것이 과연 바람직한 교
습방법일까? 아니면 '질량 보존의 법칙'처럼 근사적으로 맞기
하지만 어려운 개념이 들어 있지 않은 고전적인 법칙들부터
시작하는 것이 좋은가? 물론, 첫 번째 방법이 더욱 재미있고
경이로운 것은 사실이다. 그러나 초심자들에게는 두 번째 방
법이 더 쉽고 후속 개념들을 쌓아 나가는 데에도 무리가 없다.
이것은 물리학을 강의할 때마다 항상 직면하는 문제이다. 앞
으로 우리는 상황에 따라서 이 문제를 다양한 방법으로 해결
해 나갈 것이다. 그러나 단계마다 우리가 다루는 주제가 현재
어느 정도까지 알려져 있으며 얼마나 정확하게 알려져 있는
지, 그리고 그것이 다른 법칙들과 어떻게 조화를 이루고 있으
며, 앞으로 더 배우게 되면 어떤 부분에 수정이 가해지게 될지
를 언급하고 넘어갈 것이다.[22]

　한 분야의 개론서가 하는 역할은 '맞기는 하지만 생소하고 어렵
기만 한' 이야기를 하는 게 아니라, '근사적으로 맞기는 하지만 어
려운 개념이 들어 있지 않은' 이야기를 하는 것입니다.

지루해도 의미 있는 책을 고르자

———

한 분야의 대표적인 책을 고르는 또 하나의 기준은 한 사회와 시대의 흐름을 왼쪽에서 오른쪽으로 바꿀 만한 의미 있는 책, 혹은 그런 사회의 순간이 잘 반영된 책을 고르는 거죠.

제가 추천하면 100퍼센트 "제목이 뭐라고요? 다시 한 번만 알려 주세요."라는 말이 돌아오는 책이 있습니다. 막스 베버의 《프로테스탄티즘의 윤리와 자본주의 정신》입니다. 이 제목을 안 보고 한 번 말해 보세요. 쉽지 않죠?

대부분 이 책의 제목만 듣고 길고 지루한 책이라고 생각하는데요, 그 생각이 맞습니다. 일단 제목에서 보듯 지루하기 쉬운 종교와 경제가 만났잖아요. 하지만 길고 지루하다고 중요하지 않은 것은 아닙니다.

《프로테스탄티즘의 윤리와 자본주의 정신》은 이전까지 종교가 청빈과 금욕을 이상으로 삼았던 것에 비해 미국을 세웠던 프로테스탄트, 그러니까 개신교도들이 부의 축적을 이상으로 삼는 현상에 대해 설명합니다. 원래 미국은 세속화된 가톨릭에 반기를 든 금욕적 프로테스탄트들에 의해 세워졌는데, 이상하게 미국인들은 돈을 밝히죠. 돈이면 다 되고, 돈이 최고라는 생각을 노골적으로 드러내는 나라로 유명합니다. 위화감이 느껴지죠.

전통주의에서 노동자는 어떻게 돈을 많이 벌 것인가를 고민하지 않고, 자기가 살아가는 데 얼마 정도가 필요한데, 그 돈을 벌려면 몇 시간 정도나 일해야 하는가를 고민했다고 합니다. 그러니까 잉여 수입에는 관심이 없고, 노동을 적게 하는 것에 더 관심을 가졌다는 말이죠.

그런데 미국은 '아메리칸 드림'이라는 이름으로 부자가 되는 꿈에 열광합니다. 여기에는 아이러니하게도 종교가 영향을 끼쳤습니다. 프로테스탄티즘에 의하면 수도원의 수도사들이 금욕을 하듯이, 일상에서 평범한 민간인들은 금욕적인 직업 생활을 함으로써 구원에 이를 수 있어요. 금욕적인 직업 생활의 결과는 부입니다. 부가 축적되었다는 것은 금욕적인 생활을 하며 신의 소명인 직업에 충실했다는 의미가 되니까, 재산은 곧 자신이 받은 신의 은총의 크기를 말해 주는 거죠. 따라서 미국인들은 부를 추구하고, 그 부를 누리기도 하며, 또 그 은총을 아낌없이 기부하며 나누기도 합니다.

이런 삶의 태도와 부의 노골적인 추구는 19세기에서 20세기로 들어서면서 세계의 권력 중심이 미국으로 이동하는 데 큰 기여를 했다고 볼 수 있습니다.

그런데 우리가 보통 말하는 자연적 사태를 이처럼 있는 그대로의 감각이 보기에 무의미할 정도로 전도시키는 것이 바로 자본주의의 추진 동기인 것이다. 이는 자본주의의 입김을 쐬지 않은 사람들에게는 낯선 것이다. 그러나 그러한 전도는 동시에 일정한 종교적 표상과 밀접히 닿아 있는 일련의 감각을 포함한다. 즉 도대체 '인간에게서 돈을 짜내야' 할 이유가 무엇인가 묻는다면 벤저민 프랭클린은, 비록 그 자신이 종파적 색채가 없는 이신론자지만 그의 자서전에서 성경구절로 대답한다. 그 구절은 그가 말하고 있듯이 엄격한 칼뱅 교도였던 그의 아버지가 어렸을 때 계속해서 주입시켰던 것이다. 즉 '그의 직업에 충실한 자를 보았느냐, 그는 왕 앞에 서리라'가 그것이다.

화폐취득은—그것이 합법적 방법으로 얻어진 것인 한—근대적 경제질서 안에서 직업상의 유능함의 표현이며 이 유능함은 쉽게 알 수 있듯이 프랭클린 도덕의 실질적인 알파이자 오메가이다.[23]

길고 지루하기만 한 줄 알았던 내용이 막상 보니까 여전히 길고 지루하지만 의미는 크다는 것을 알 수 있습니다. 지금까지 세계적인 패권국으로 자리한 미국의 힘이 어디서 비롯된 것인가를 어느 정도 보여 주고 있으니까요.

한 분야의 대표적인 책은 그래서 시대의 흐름, 또 변환기의 이유를 설명해 주곤 합니다. 이런 책을 볼 때는 책 자체로만 보기보다 그 시대에 어떤 의미를 가지고 있는가를 알고서 보면 조금 더 잘 읽히고 효과적일 수 있습니다. 왕이 다스리던 시대에 시민들이 합의 하에 제정하는 법의 정신에 대해서 이야기하는 몽테스키외의《법의 정신》이나, 소수라는 이유로 개인의 의견을 무시하는 사회는 결코 좋은 사회가 될 수 없다는 존 스튜어트 밀의《자유론》은 민주주의가 세계적으로 뿌리박을 때 중요한 역할을 하거든요. 이런 배경적인 흐름까지 알고 보면 책을 읽는 행위가 조금은 즐거워집니다. 뭔가 거시적인 이해에 도달한 느낌이거든요.

그 분야를 만들어 낸 책도 있다

———

한 분야의 대표적인 책을 고르는 마지막 기준은 책이 한 분야를 만들어 낸 경우입니다. 사람들의 생각을 공유하고 확장할 수 있는 수단이 책밖에 없었던 시절이 있었습니다. 기독교가 지배하던 신 중심의 중세적 세계관에 균열을 내고 근대적 세계관의 중요한 단초가 된 사건 중 하나가 코페르니쿠스의 지동설입니다. 오죽하면 '코페르니쿠스적 전환'이라는 말이 '혁명적인 생각의 전환'이라는 의미로 쓰이겠어요. 코페르니쿠스가 무시무시한 로마 가톨릭의 억압에도 지동설을 남길 수 있었던 것은 그의 책《천체의 회전에 관하여》덕분이었습니다. 사실 그는 이 책이 출간되자마자 죽어요.

출간 후 2~3년이 아니라, 진짜로 초판본 출간 후 두세 시간 만에 죽습니다. 곧 죽을 목숨이었기 때문에 이런 책을 용기 있게 공표할 수 있었던지도 모르죠.

재미있는 사실은 지동설을 주장한 사람이 코페르니쿠스가 처음은 아니라는 것이죠. 기원전 5세기에 필롤라오스Philolaos가 이미 지구가 움직인다는 것을 주장한 적이 있었고, 기원전 3세기에는 아리스타르코스Aristarchos라는 천문학자가 지동설을 주장했었습니다. 그들과 코페르니쿠스의 결정적 차이는 책입니다.

사실 코페르니쿠스의 주장이 제대로 인정받기까지 너무나 오랜 시간이 걸렸어요. 코페르니쿠스가 책을 발간한 것이 1543년인데, 바티칸 교황청이 지동설을 공인한 것은 1992년입니다. 물론 가톨릭이 지나치게 늦게 바뀐 감은 있네요. 그런 면에서 보자면, 공식적으로 책이 나오지 않았으면 지동설은 훨씬 뒤에야 대중에게 알려졌을 겁니다. 가톨릭의 위세가 워낙 등등하던 시절이 꽤 있었으니까요. 그러니까 코페르니쿠스도 가톨릭이 두려워 출간을 주저하다가 죽기 직전에 출간했겠죠.

환경에 대한 인식을 처음으로 만든 책

지금이야 신문, TV를 비롯해 유튜브, 페이스북, 인스타그램 등 미디어가 넘쳐납니다만 책의 전통이 쉽사리 무너지는 것은 아니죠. 현대에 와서도 책이 하나의 분야에 대한 인식을 확장하고, 아예 분야 자체를 만들어 내는 경우가 있습니다.

레이첼 카슨의 《침묵의 봄》이 바로 그런 책입니다. 《침묵의 봄》은 환경학 최고의 고전이라고 할 수 있는데, 사실 이 책이 나오기 전에는 환경이라는 말 자체가 낯설었죠. 당연히 환경보호라는 말도 없었고요. 하지만 이 책 이후로 사람들은 과학기술에 대한 맹신을 버리고, 환경을 생각하게 되었고, 지구의 날을 제정하기도 했습니다. 1962년에 나온 이 책은 그야말로 시대적 전환에 큰 역할을 했고 현대의 환경 운동을 만든 책으로 평가받습니다. 하지만 이 책은 세상에 나오기까지 갖은 핍박을 다 받았다고 합니다. 정확히 말하면 이 글의 저자인 레이첼이 그런 핍박을 받은 거죠.

레이첼은 살충제나 제초제 같은 유독성 화학물질들이 생각지도 못한 피해를 입힌다는 주장을 하며 4년에 걸쳐 자료조사를 한 뒤에 《침묵의 봄》을 내요. 살충제, 제초제를 무분별하게 쓰면 더 이상 새가 지저귀지 않는 침묵의 봄이 올 것이라고 하면서 말이죠. 지금이야 위험하다는 것을 알지만, 당시에는 살충제인 DDT를 개발한 화학자에게 노벨상까지 주었습니다.

최근 영화들을 보면 회사의 이익과 그에 반하는 개인들이 싸우는 상황이 종종 나오잖아요. 이 책을 둘러싸고도 그런 일이 있었습니다. 제초제나 살충제 회사, 화학약품 회사 같은 거대 기업들과 이들로부터 정치자금을 건네받는 정치인들은 레이첼을 압박하며 고립시키려 했지만, 이 책은 사람들에게 살충제, 제초제뿐 아니라 인간에 의해 환경이 파괴될 수 있다는 경각심을 불러일으켰습니다. 거대 회사와 정치인들의 부당한 압력에 저항하고 진실을 알리려 애쓴 레이첼 카슨의 외로운 투쟁 덕분에 지금의 우리는 환경이라는 가능성을 선물받은 것입니다.

우리는 지금 두 갈림길에 서 있다. 하지만 로버트 프로스트의 유명한 시에 등장하는 갈림길과 달리, 어떤 길을 선택하든 결과가 마찬가지이지는 않다. 우리가 오랫동안 여행해온 길은 놀라운 진보를 가능케 한 너무나 편안하고 평탄한 고속도로였지만 그 끝에는 재앙이 기다리고 있다. '아직 가지 않은' 다른 길은 지구의 보호라는 궁극적인 목적지에 도달할 수 있는 마지막이자 유일한 길이다.

그 선택은 우리 자신에게 달려 있다. 그동안 무분별하고 놀라운 위험을 강요당해왔다는 사실을 인식한다면, 지금까지 충분히 인내해온 우리가 마지막으로 '알 권리'를 주장하고자 한다면, 그때야말로 독극물로 세상을 가득 채우려는 사람들의 충고를 더 이상 받아들이지 않게 될 것이다. 우리는 주위를 둘러보며 또 다른 어떤 길이 열려 있는지를 확인해야 한다.[24]

새로운 분야와의 우연한 만남을 꿈꾸며

분야를 대표하는 책이라는 것이 일률적일 수는 없죠. 해당 분야 전반을 알려 주는 입문서일 수도 있고, 해당 분야의 흐름에 영향을 미친 전환기의 책일 수도 있고, 해당 분야 자체를 만든 기념비적인 책일 수도 있습니다.

지식에 대한 호기심을 가진 사람들은 책을 편식하지 말고, 여러 분야에 도전해 보아야 합니다. 하지만 보통은 한 분야에 치우친 독서를 하기 쉽거든요. 그래서 진정한 분야의 대표 책이라는 것은 결국 자신에게 그 분야에 대한 관심을 불러 일으키는 책이 아닐까 싶어요. 환경 문제에 관심이 없었지만 《파타고니아, 파도가 칠 때는 서핑을》이라는 책을 보고 환경에 대한 관심을 가지게 되었다면, 그 책은 그 사람에게는 《침묵의 봄》보다 더 그 분야의 대표책으로 각인되어 있겠죠.

그래서 때로는 손에 잡히는 대로 책을 읽고 새로운 분야에 대해 알아보는 것도 좋습니다. 철저한 계획을 잡고 떠나는 여행이 아니라 발길 닿는 대로 떠나며 진정한 즐거움을 만나는 여행처럼 독서 또한 새로운 분야와의 우연한 만남에서 또 다른 즐거움을 찾을 수 있습니다.

낯선 분야에 대해 흥미를 가지게 해준 책은 무엇인가요?

어떤 분야의 책인가요?

그 분야에 대해 여러분이 이해한 것을 짧게 정리해서 설명한다면?

낯선 분야에 대해 흥미를 가지게 해준 책은 무엇인가요?

_____

_____

_____

_____

어떤 분야의 책인가요?

_____

_____

_____

_____

그 분야에 대해 여러분이 이해한 것을 짧게 정리해서 설명한다면?

_____

_____

_____

_____

_____

제9장

좋은 에세이를
고르는 방법이 있을까?

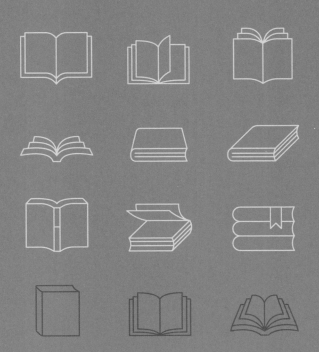

#공감지수
#몽테뉴

문장이 말을 걸어오는 에세이의 마법

제가 운영하는 〈시한책방〉이라는 북튜브는 나름의 콘셉트를 가지고 있습니다. '온라인으로 구현하는 종합 서점'이라는 콘셉트로 문학, 경제, 인문 등에 특화된 것이 아니라 여러 가지 분야를 망라한, 그야말로 다양한 만남을 가질 수 있는 가상 서점을 표방한 거죠. 책의 숲을 산책하다가 우연한 풍경에 기뻐하는 모습이 제가 생각하는 이상적인 〈시한책방〉 구독자의 모습입니다. 그러기 위해서 가능하면 다양한 분야의 책들을 리뷰하려고 애쓰고 있어요. 그런데 정말 리뷰하기 힘든 분야의 책이 하나 있습니다. 〈시한책방〉의 리뷰 리스트를 봐도 이 분야의 책에 대한 리뷰는 열 손가락 안에 들어올 정도로 적은 편이에요. 그건 바로 에세이입니다.

제가 에세이를 안 좋아하는 것이 아니라 리뷰를 구성하는 문제 때문입니다. 에세이는 그야말로 거울 같은 책이에요. 얼핏 책을 보는 것 같지만 자기 마음을 들여다보는 거죠. 에세이를 읽는 독자들은 책 속 한 문장에 꽂히곤 해요. 하나의 문장이 자신의 상황과 감정 그리고 생각에 일치하는 바로 그 순간, 그 문장은 에세이 책 한 권 전체보다 더 큰 울림을 줄 때가 있죠. 때로는 책 사이에 숨어 있는 문장이 아니라 표지에 떡하니 있는 제목만으로도 공감 지수가 120퍼센트 충전될 때도 있죠. 그만큼 에세이는 읽는 사람의 해석과 감정이 중요한 장르입니다. 같은 문장도 사람마다 다르게 볼 여지가 크기 때문에 리뷰하기가 참 까다롭습니다.

에세이를 읽으면서 너무나 다양한 느낌과 해석, 생각 그리고 감정들이 샘솟았나요? 그렇다면 그 모든 것이 여러분의 감상입니다. '작가는 무슨 생각을 하면서 이런 글을 썼을까?', '이 문장이 말하고자 하는 바는 뭘까?' 같은 생각의 소리에는 귀를 닫으세요. 이런 생각을 하며 읽는 건, 에세이를 읽기에 적절한 방법이 아닙니다.

여러분에게 말을 걸어오지 않는 문장은 여러분에게서 등을 돌리고 있는 것이라고 생각하세요. 대신 여러분을 보고 웃는 문장을 찾아내면 됩니다. 작가의 생각보다는 독자의 생각이 훨씬 중요한 것이 에세이예요. 그리고 독자의 반응은 작가도 짐작하기 힘들죠.

윤정은의《하고 싶은 대로 살아도 괜찮아》라는 에세이는 한때 서점가에 '괜찮아'라는 제목을 유행시킬 정도로 반향을 일으켰습니다. 작가가 아이를 낳고 키우며 느낀 것을 담은 에세이죠. 아이는 원래 감정의 균형을 잡아 주는 존재입니다. 저는 이 책이 20만 부나 나간 베스트셀러가 된 건 육아의 고단함과 불안함을 느낀 초보 엄마들의 공감 때문이라고 생각했어요. 하지만 윤정은 작가의 말에 의하면 고등학생이나 대학생, 군인 팬도 많다고 하더라고요.

부러우면 지는 거라 했는데, 부러우면 부러운 거지. 뭐. 어쩌겠어.

실컷 샘내 놓고 집으로 돌아와 친구네 집보다 작지만 아늑한 우리 집이 가장 좋다며 거실 바닥에 대자로 드러누웠다. 아이가 어디 있는지 멀리 가서 찾지 않아도 되고, 햇살이 비치고 나무가 내다보이는 익숙한 우리 집이 좋다. 열심히 벌어야 할 이유가 많고 앞으로 만들어 갈 미래가 있으니 괜찮다. 그만 샘내고 가진 것에 만족하는 연습을 해 본다.

그러고 보니 살아간다는 건,
해야 할 연습투성이구나.[25]

아이를 글의 소재로 삼았지만, 이런 문장들과 감성 그리고 깨달음을 육아하는 사람만 공감하는 것은 아닐 겁니다. 미지에 대한 두려움, 생활의 고단함, 지금 하고 있는 일에 대한 불안함 같은 걸 느끼는 다양한 사람이 이 메시지를 수신할 수 있습니다.

《하고 싶은 대로 살아도 괜찮아》는 바로 그런 사람들의 마음에 공명을 일으키는 에세이였기 때문에 스테디셀러가 될 수 있었죠. 이런 결과는 윤정은 작가도 전혀 예상하지 않았던 (더 솔직하게는 기대하지 않았던) 결과라고 하더라고요. 이렇게까지 다양한 분야의 사람들이 좋아해 줄지 몰랐다는 거죠.

에세이에서 메시지는 그다지 중요하지 않다?

———

에세이에서 메시지는 최고로 중요한 요소는 아닙니다. 이 말이 의아하게 들리는 분이 있을 겁니다. 에세이에서 길어 올리는 삶의 정수 같은 메시지들, 위로가 되고 공감이 되는 메시지들, 때로는 인생의 방향을 알려 주는 그 주옥같은 메시지들이 생각보다 중요하지 않다니? 물론 에세이에서 전해 주는 좋은 메시지가 많지만, 그 메시지는 대부분 비슷합니다. 새로울 게 별로 없어요. 인간의 삶이라는 게 본질적으로는 다르지 않다 보니, 시대나 장소가 달라도 메시지는 크게 다르지 않거든요. 예를 들어, 해골에 담긴 물을 맛있게 마시고 깨달음을 얻었다는 원효대사의 이야기는 오늘날 수많은 에세이에 '모든 일은 마음먹기에 달렸다'는 메시지로 변형되어 담기곤 합니다. 이처럼 에세이들에 담긴 깊은 깨달음도 알고 보면 표현만 다를 뿐 비슷한 메시지인 경우가 많죠.

에세이의 원류라고 할 수 있는 책은 미셸 몽테뉴의 《수상록》입니다. 프랑스 원제로는 'Les Essais', 영어로는 'Essays', 바로 '에세이'죠. 그래서 에세이는 몽테뉴가 만들어 낸 독특한 문학 형식이라고 평가합니다. 마치 '포스트잇'이라는 특정 상표명이 보통명사가 된 것처럼 몽테뉴의 책 제목이 하나의 장르가 된 것이죠.

몽테뉴의 《수상록》은 매우 길고 장황한 면도 있어서 읽기 힘들 수 있어요. 그렇다면 이 책의 핵심 내용만 잘 요약한 책도 많으니 그런 책을 참고하는 것도 좋습니다. 이런 책의 차례를 보면, 오히려 몽테뉴의 메시지가 아주 선명하게 드러나면서, 요즘 나오는 에세이들의 차례와 크게 차이가 없다는 점을 발견할 수 있습니다. 다음은 《몽테뉴의 수상록》의 차례입니다.

1장 : 늙음과 죽음을 기꺼이 받아들인다
2장 : 지금 이 순간을 온전히 즐긴다
3장 : 진짜 나답게 되는 법을 안다
4장 : 나 자신을 늘 경계하고 성찰한다
5장 : 지식을 얻되 나의 것으로 만들라[26]

차례만 보면 요즘 나오는 에세이들과 다를 바가 없죠? 소제목

중에서도 공감이 가는 제목이 많습니다. '죽음이 결론일지언정 삶의 목표는 아니다', '춤을 출 때 춤만 추고, 잠을 잘 때 잠만 잔다', '상대방의 판단이 아니라 내 판단을 믿는다', '더 많이 아는 게 아니라 더 잘 알아야 한다.'

에세이는 자기 자신을 만나게 해주는 동굴

전달하는 메시지가 다 비슷하다면 에세이는 많이 볼 필요가 없는 책일까요? 전혀 그렇지 않습니다. 우리가 그림을 볼 때를 생각해 봅시다. 그림의 메시지에 집중할 수도 있지만, 보통은 그림이 전해주는 느낌과 감정을 보죠. 즉 '눈'이 아니라 '마음'으로 그림을 보는 거죠. 사물을 그대로 묘사하는 게 목적이라면 사진을 이길 수 없는 게 그림입니다. 반 고흐가 유명한 것은, 그림을 사진처럼 잘 그려서가 아니라 마음의 눈으로 그림을 보는 경험을 하게 해줬기 때문이에요.

메시지만이 목적이라면 명료하게 서술된 자기계발서를 보는 게 낫습니다. 에세이는 메시지를 둘러싸고 전해지는 감정, 문체, 분위기, 느낌을 같이 보는 것입니다. 그래서 에세이를 읽을 때는 자신의 상황과 상태가 제일 중요합니다. 같은 이야기라도 받아들이는 그릇에 따라 그 이야기는 술이 되기도 하고, 에너지 드링크가 되기도 하고, 때로는 아리수가 되기도 합니다. 같은 메시지라도 언제 어떻게 읽느냐에 따라 그냥 뻔한 소리인가 보다 하고 흘려보내는 메시지가 될 수도 있고, 삶의 위기를 벗어나게 해준 생명의 메시지가 될 수도 있습니다. 한순간 유쾌하게 스트레스가 풀리는 희망의 메시지가 또 어떨 때는 아무 의미 없는 글자가 될 수도 있고요.

그러니까 에세이는 자기 자신을 만나게 해주는 동굴입니다.《이상한 나라의 앨리스》의 앨리스나《센과 치히로의 행방불명》의 치히로는 낯선 세계를 만나기 위해 동굴을 지나야 했습니다. 눈 떴다 감으면 갑자기 새로운 나라로 가게 되는 게 아니거든요. 그 과정이 필요하죠.

보통 에세이는 밤에 읽는 경우가 많죠. 낮에는 창을 통해 밖이 보이잖아요, 그런데 밤이 되면 창을 통해 자기 자신이 보입니다. 모든 사물이 환하게 드러나 있는 낮보다 주위가 어두워 자기 자신에게 집중될 수 있는 밤은 자신을 만나기가 조금 더 쉬운 시간이거든요. 에세이를 읽을 때는 책을 읽는다고 생각하기보다는 에세이를 통해 자신의 마음과 대화하는 시간을 갖는다고 생각하는 것도 좋습니다. 에세이는 한 번에 많이 읽을 필요가 없어요. 한 문장을 읽고 한 시간을 생각할 수도 있어요. 물론 술술 읽어서 한 권을 한 시간 만에 볼 수도 있지만요.

자신에게 맞는 에세이를 고르려면

———

좋은 에세이를 고르는 건 쉽지 않은 일입니다. 절대적인 기준이 있는 것이 아니라 자기 자신과 핏 fit 이 맞는 것을 고르는 것이 중요하거든요. 서점에서 잘 나가는 베스트셀러라서 사 볼 수는 있겠지만, 그 책을 여러분도 반드시 좋아하리라는 보장은 없습니다.

에세이를 고를 때는 제목만 보게 되는 경우도 많습니다. 그러다 보니 어떤 책은 제목만 가지고 히트했다는 오해를 받기도 하는데, 꼭 그렇게 보기는 힘들 것 같아요. 제목을 보고 책을 고르는 것도 자신이 공감할 수 있는 책을 찾는 하나의 방법이니까요. 예를 들어 하완 작가의 《하마터면 열심히 살 뻔했다》는 아무리 열심히 해도 취업이 어려운 취업준비생들, 죽어라 직장에 다니지만 아파트 전세금 모으기가 어려운 사회인들에게 제목만으로도 메시지를 줍니다. 소윤 작가의 《작은 별이지만 빛나고 있어》는 사회와 타인이라는 거대 담론 앞에서 자기 자신을 잃어 간다고 느끼는 사람에게 기대를 주는 제목이죠. 이처럼 에세이를 고를 때는 자신의 마음을 움직이는 제목의 책을 선택하는 것도 방법이에요.

또 하나의 방법은 작가의 이력을 참고하는 것입니다. 작가의 이력이 자신과 비슷하거나 삶의 궤적에 겹치는 부분이 있다고 하면, 아무래도 공감이 될 만한 내용이 많을 가능성이 크니까요. 대기업에 다니며 써낸 첫 책 《나에게 고맙다》가 베스트셀러가 된 이후

《내가 원하는 것을 나도 모를 때》같이, 연이어 베스트셀러를 발표한 전승환 작가는 수많은 직장인이 공감할 만한 이야기들을 써 냅니다. 그 자신이 10년간 대기업에서 치열하게 살아 낸 직장인이었에 누구보다 직장인들의 심정을 잘 알거든요.

그런데 유난히 에세이 작가들 중에는 얼굴 없는 작가가 많아요. 자신이 써 낸 글의 무게를 스스로 감당할 수 없을 때가 종종 있거든요. 예를 들어 앞으로 모든 일에 감사하며 살겠다고 글을 쓸 때는 결심했는데, 반드시 그 결심대로 일이 흘러가는 것은 아니죠. 그렇게 묶은 글을 출판했는데, 많은 사람한테서 외면당하면 감사한 마음은 저 멀리 하늘 위로 사라져 버립니다.

독자들을 직접 만나기보다는 글로만 독자들을 만나면, 글을 쓸 때 조금은 굴레에서 벗어나는 느낌이 듭니다. 책을 발표한 뒤에는 작가 역시 독자로 돌아가, 글에서 보여 주는 이상적인 마음을 체화해야 한다는 부담감을 내려놓고, 쓴 대로 실천하는 것을 목표로 살아갈 수도 있는 거니까요.

작가의 이력을 잘 알 수 없을 때는 이미 검증된 사람들의 에세이를 고르는 것도 좋아요. 그건 이미 수많은 사람이 공감할 만한 보편적인 이야기라는 증명이니까요. 법정 스님의 〈무소유〉, 피천득의 〈나의 사랑하는 생활〉은 교과서에도 실린 유명한 에세이들입니다. 이런 에세이들은 시대를 건너 공감을 얻는 작품인 만큼 보다 본질적이고 삶의 정수에 가까운 이야기들이 실려 있습니다.

우리들이 필요에 의해서 물건을 갖게 되지만, 때로는 그 물건 때문에 적잖이 마음이 쓰이게 된다. 그러니까 무엇인가를 갖는다는 것은 다른 한편 무엇인가에 얽매인다는 것이다. 필요에 따라서 가졌던 것이 도리어 우리를 부자유하게 얽어맨다고 할 때 주객이 전도되어 우리는 가짐을 당하게 된다는 말이다. 그러므로 많이 가지고 있다는 것은 흔히 자랑거리로 되어 있지만, 그만큼 많이 얽히어 있다는 측면도 동시에 지니고 있는 것이다.[27]

　50여 년 전에 쓴 이《무소유》의 글이 오늘날에는 일종의 미니멀리즘으로 해석되면서 여전히 공감을 받고 있습니다. 어떻게 생각하면 이제야 공감을 받는다는 말이 더 적절할 수도 있겠네요. 그런데《무소유》는 법정스님이 입적하면서 유언으로 더 이상 출판되지 않게 해 달라고 해서 현재 발행되지 않고 있어요. 그래서 중고 시장에서 3만 원쯤에 거래되고, 상태가 좋고 귀한 판본은 100만 원까지 한다고 합니다. 저도 이 책을 잃어버렸는데, 새로 사지 못하고 있어요. 그래서 인용도 법정 스님 열반 10주기 기념으로 발행된 책《스스로 행복하라》에 실린 것으로 했습니다. 고故 김수환 추기경이 법정 스님의 책을 위해 쓴 추천사가 자꾸 떠오르네요.
　"아무리 이 책이 무소유를 말해도, 이 책만큼은 소유하고 싶다."

기억에 남는 에세이에는 어떤 것이 있나요?

왜 기억에 남았나요?

여러분이 가진 어떤 감성이 그 책과 맞았나요?

기억에 남는 에세이에는 어떤 것이 있나요?

_____

_____

_____

_____

왜 기억에 남았나요?

_____

_____

_____

_____

여러분이 가진 어떤 감성이 그 책과 맞았나요?

_____

_____

_____

_____

제10장

독서에 있어
노벨 문학상의 의미

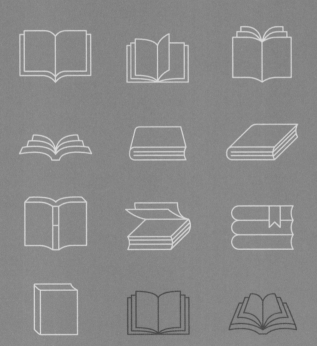

#소잉카
#하루키
#야스나리

노벨 문학상 수상작들의 공통점

———

1901년부터 지금까지 노벨 문학상 수상자들과 대표작들을 나열
해 보면 노벨상 수상자들의 공통점을 찾기가 쉽지 않습니다. 노
벨 문학상 수상자들의 공통점은 작가라는 것 정도가 아닐까 싶어
요. 아! 그런데 2016년의 밥 딜런은 작가가 아니라 가수군요. 그러
면 정말 노벨상 수상자들의 공통점을 찾기는 어렵습니다. 장르도
소설, 희곡, 시, 심지어 아동문학까지 다양한 데다가 1950년대 수
상자인 철학자 버트란드 러셀의 작품도 문학보다는 인문학이라고
할 수 있어요. 게다가 1953년의 수상자는 정치인인 윈스턴 처칠입
니다. 《제2차 세계대전》으로 노벨 문학상을 받았죠.

국적과 인종 역시 다양합니다. 최근에 와서는 대륙별로 분배한

다는 의혹까지 있을 정도로 골고루 수상하고 있어요. 그래서 노벨 문학상 수상자의 공통점을 찾자면 다양성이라고 할 수 있겠네요(이 때문에 수상자 선정 즈음 기준이 무엇인가 하는 논란이 있곤 하지만). 노벨 문학상 수상작을 읽으면 바로 그런 다양성을 접할 수 있어서 의미가 있습니다.

우리나라의 출판 지형은 다양성보다는 획일화라는 말이 더 어울립니다. 번역되어 출판되는 외국책들을 보면 대다수 미국이나 영국 등의 영어권 책 아니면 일본 책이에요. 프랑스나 독일어권 책도 잘 안 나오고 동유럽이나 남미, 아프리카 책은 정말 드물죠. 닭이 먼저냐 달걀이 먼저냐의 문제인데, 출판사들은 독자들이 제3세계 문학을 잘 읽으려 하지 않기 때문에 안 만든다고 하고, 독자들은 출판사들이 그런 책을 내지 않으니 볼 수 없다고 합니다.

그나마 노벨 문학상을 발표할 무렵이 되면 서점에서는 노벨상 후보들의 모음전 같은 이벤트를 열기도 해서 다양한 작품을 접할 기회가 생깁니다. 그런데 2020년의 루이즈 글릭 같은 경우는 그런 특수도 못 누렸어요. 장르가 시였거든요. 우리나라 시인들의 작품도 잘 팔리지 않는 마당이니 우리에게는 조금 낯선 루이즈 글릭의 책은 우리나라에서 아예 출간되지 않았습니다. 시를 번역해서 출판하는 것은 단기간에 할 수 있는 것도 아니라서, 결국 루이즈 글릭의 책은 '노벨상 특수'가 살아 있는 동안 출판되지 못했어요. 글릭의 시가 한 편 실려 있는 시 모음집이 조금 팔리다 말았죠.

그래도 이렇게나마 노벨 문학상은 평소에는 전혀 관심 갖지 않았던 장르나 나라, 작품에서 묘사하는 사회에 관심을 가질 계기를 줍니다. 그것이 노벨 문학상의 현실적 의의가 아닐까 싶어요.

참고로 노벨 문학상은 작품에 주는 것이 아니라 작가에게 주는 것입니다. 그래서 노벨 문학상 수상 작품이라고 관용적으로 (사실은 마케팅적으로) 이야기하지만, 그 작품이 작가의 대표작이라는 것이지, 그 작품 자체가 노벨 문학상을 탄 것은 아닙니다.

아프리카 문학을 읽다

〈시한책방〉에서 치누아 아체베의 《모든 것이 산산이 부서지다》라는 책을 리뷰하면서 처음으로 아프리카 문학에 관심을 가지게 되었어요. 확실히 우리가 아는 영미문학이나 일본, 중국문학과는 차이가 있었고, 남미의 문학과도 좀 달랐죠. 식민지 경험과 아프리카 특유의 샤머니즘이 혼합된 독특한 형태의 작품이었어요.

이것이 계기가 되어서 아프리카문화재단에서 개최하는 축제에 초청을 받았습니다. 아프리카 문학을 소개하는 영상을 촬영하게 되었는데, 한국외대 아프리카어학과의 박정경 교수님을 게스트로 모시고 제가 진행을 하는 형식이었어요. 그러자니 뭔가 아는 게 있어야 해서 행사를 앞두고 아프리카 역사책도 보고, 응구기 와 시옹오의 《한 톨의 밀알》과 마리즈 콩데의 《나, 티투바, 세일럼의 검은 마녀》도 읽었습니다.

웬만큼 읽었다고 안심하고 있었는데, 주위에서 꼭 봐야 할 작가를 아직 안 봤다면서 추천한 작가가 나이지리아 작가인 월레 소잉카였습니다. 그래서 행사 며칠 전에 부랴부랴 이 작가의 책을 찾아 읽었죠. 주변에서 이 작가를 추천한 이유는 바로 노벨 문학상 수상 작가였기 때문이었어요. 알고 보니 아프리카 문학 중에서 월레 소잉카의 작품을 많이 읽더라고요. 그 이유 역시 노벨 문학상 수상 작가이기 때문이죠.

노벨 문학상이라는 타이틀 덕분에 사람들은 생소한 아프리카 문학을 접하게 됩니다. 처음 아프리카 문학을 읽으면 조금 낯선 부분들이 있어요. 기존의 소설 문법이나 익숙한 문체와 내용에서 벗어나는 것들이 있기 때문에 읽는 것이 조금 힘들 수 있습니다. 하지만 한두 작품 읽으며 그런 스타일에 익숙해지면 재미있게 읽을 수 있습니다. 특히 잘 알려진 아프리카 문학은 식민지 경험을 토대로 쓴 게 많기 때문에, 역시 식민지 경험을 가진 우리에게도 공감이 되는 부분이 있어요. 또 식민지에서 독재 정권으로 이어지는 아프리카 나라가 많아서, 그 부분 역시 비슷한 역사를 가진 우리가 쉽게 이해하면서 읽을 수 있습니다.

월레 소잉카의 《제로 형제의 시련》은 작품은 희곡인데요, 사이비 성직자인 제로가 사기 행각을 벌이다가 발각되어서 몰락할 것처럼 보였지만, 결국에는 부패한 정치 권력과 손잡고 여전히 사기 행각을 벌인다는 내용이에요.

　식민지 시절 영국의 억압과 착취를 당하다가 1960년 독립을 맞이하게 된 나이지리아인들은 처음에는 희망에 부풀었죠. 하지만 이어지는 독재정권 하에서 여전히 억압과 착취를 당하면서 빈곤이 이어집니다. 게다가 여러 차례의 쿠데타와 내전까지 더해지면서 민중은 고통에서 벗어나지 못하죠. 이런 나이지리아의 역사는 시기에는 차이가 있지만, 우리나라의 현대사와 크게 다를 바 없잖아요. 그래서 이 소설에 등장하는 사이비 성직자와 부패한 정치가는 우리도 쉽게 공감할 수 있는 인물들입니다.

　사이비 성직자인 제로보암은 자신을 추앙하던 추메라는 조수에게 자신의 사이비 짓이 밝혀져서 모든 것이 낱낱이 까발려질 위험에 처하는데요, 마침 그때 한 정치가가 그의 말에 열렬한 신도가 되면서 위험에서 벗어납니다.

　제로 : 저 사람이 하는 말 들으셨죠. 여러분 귀로 똑똑히 들으셨을 겁니다. 내일이면 마을 전체에 제로보암 형제의 가식적인 실종에 관한 소문이 퍼질 것입니다. 평범한 사람이 아니라 이 나라 지도자급 인사에 의해 목격되고 증언된 사실

로…….

의원 : (언덕 위에 앉기 위해 걸어가며) 나는 반드시 그분의 재림을 기다려야 해. 내가 믿음을 보인다면, 그분이 나에게 다시 모습을 드러내 보이실 거야……. (언덕에 앉기 위해 뛰어 오른다.) 이곳은 성지야. (신발을 벗고 앉는다.) 나는 그분의 말씀을 더 들어야 해. 아마 그분은 내 장관직에 대해 더 알아보려고 가신 걸 거야……. (앉아 있다.)

제로 : 나는 이미 경찰을 불렀습니다. 추메에게는 안된 일이지요. 하지만 그는 나를 협박했습니다. 어떤 선지자도 협박당하는 것을 원치 않지요. 저 멍청한 놈의 영향력으로 손쉽게 추메를 정신이상자로 몰 수 있을 것입니다. 정신병원에서 한 1년 보내는 것도 그에게 나쁘지 않지요.

(의원은 이미 졸고 있다)

잘됐군요……. 저 사람 잠들었어요. 내가 다시 나타나면, 저 사람은 내가 하늘에서 금방 내려온 줄 알거예요. 그러면 나는 저 사람에게 사탄이 추메라는 이름의 밀사를 이 세상에 보냈는데, 빨리 잡아들여 정신병자 구속복을 입히는 것이 좋겠다고 말하면 되지요……. 그렇게 되면 오늘을 무사히 넘길 수 있지요. 경찰이 추메를 잡자마자 나를 찾아올 것입니다. 하지만 그것도 내게 앙심을 품은 노인네의 예언이 실현되는 때는 아니라고 생각되네요.[28]

말하자면 성직자와 정치인이 야합해서 민중을 우롱하는 이야기인데요, 사람 이름을 우리나라식 이름으로 바꾸고, 우리 사회의 사건들을 접목하면 그 시대를 풍자하는 한국 작품이라고 해도 정서적으로는 무리가 없을 정도입니다. 이렇게 보면 아프리카 문학에 대해 서양인들보다 우리가 더 깊이 이해할 수 있을지도 모릅니다. 하지만 우리나라에서 아프리카 문학은 그야말로 극소수 독자들만 읽는 책이죠. 그나마 노벨상을 계기로 이처럼 낯선 문학이 소개되어 다행입니다. 앞으로는 좀 더 다양한 문학이 서점에 깔리고 독자의 선택을 받으면 좋겠습니다.

《눈먼 자들의 도시》가 선사한 근사한 낯섦

1982년 우리나라 베스트셀러 목록을 보면 5위에 콜롬비아 작가인 가브리엘 가르시아 마르케스의 《백년 동안의 고독》이 있습니다. 가브리엘 가르시아 마르케스도 노벨 문학상을 탔는데요, 1982년에 베스트셀러가 되었다는 걸로 봐서 몇 년에 노벨상을 수상했는지 충분히 짐작이 되죠. 네, 바로 1982년입니다. 《백년 동안의 고독》은 남미 특유의 마술적 리얼리즘을 세계에 각인시켰다는 의미도 있고, 100년 동안 한 집안에서 일어나는 사건이라는 줄거리도 재미있긴 하지만, 가독성이 그렇게 뛰어난 작품은 아닙니다. 세대를 거쳐서 계속 반복되는 이름들을 읽고 있다 보면 '내가 무한히 반복되는 시간의 루프에 빠져 있구나' 하는 생각이 들 정도예요.

노벨상 수상작 중 특별히 눈길이 가는 작품은 1998년 수상자인 주제 사라마구의 《눈먼 자들의 도시》입니다. 이 소설은 포르투갈어로 쓴 포르투갈 문학인데요, 포르투갈이 분명 유럽이긴 해도 뭔가 유럽 같지 않은 감성이 좀 있죠. 유라시아 대륙의 서쪽 끝이라는 로카곶Cabo da Roca, 흔히 얘기하는 '세상의 끝'이 바로 포르투갈에 있잖아요.

이 소설의 상상력은 기가 막힙니다. 어느 날 갑자기 눈이 멀어버리는 바이러스가 세상에 퍼진 거죠. 그래서 모두 눈이 멀게 되는데, 주인공 여자만 눈이 멀지 않습니다. 눈먼 자들을 모아 놓은 수용소에 남편을 따라 눈이 먼 척하고 들어온 이 여자에게 수용소의 풍경은 그야말로 지옥입니다. 다른 사람들은 눈이 멀었기 때문에 그 광경을 보지 못하는데, 여자는 그 광경을 그대로 두 눈에 담아야 하죠. 그러다가 결국 수용소 밖에도 눈이 머는 바이러스가 퍼져서 온 세상 사람이 눈이 멀게 돼요. 지옥 같은 광경이 수용소 담을 넘어 온 나라에 펼쳐지게 된 거죠. 바이러스 때문에 전 세계가 위협받는 상황이 코로나바이러스와 겹쳐 보이면서 코로나 시국에 다시 한번 주목받은 책이기도 합니다.

어느 날 갑자기 도시에 퍼진 바이러스에 대해 이 소설은 원인도

결과도 알려 주지 않습니다. 오로지 사람들이 아우성치고 살아남으려고 다투는 과정만 나와 있을 뿐인데요. 그 모습을 보면 요즘 흔히 얘기하는 '넷플릭스스러운' 느낌이 물씬합니다. 시대를 선취했다고 할까요. 영국 문학이나 프랑스 문학 같은 주류 문학이 아니었기 때문에 나올 수 있는 발칙한 상상력의 결과가 《눈먼 자들의 도시》가 아닐까 싶어요.

아직 눈이 멀지 않은 사람들은 국민을 안심시키려는 정부의 발표와는 관계 없이, 백색 질병이, 마치 악마의 눈의 경우처럼, 시각적 접촉에 의해서 퍼진다고 믿고 있었다. 사람들은 슬픈 생각이든, 하찮은 생각이든, 행복한 생각이든, 행복한 생각이라는 것이 아직도 존재하는지는 모르겠지만, 어쨌든 자기 나름의 생각에 몰두하여 길을 걷다가, 자기 쪽으로 다가오던 사람의 표정에 갑자기 변화가 생기는 것을 보곤 했다. 곧 그 얼굴에서는 지독한 공포의 모든 표시들이 나타났으며, 그의 입에서는 피할 수 없는 그 외침 소리, 눈이 안 보여, 눈이 안 보여, 하는 소리가 터져나오고 말았다. 이런 경험을 한 사람들이 정부가 기대하는 반응을 보이리라고 생각하는 것은 말도 안 됐다. 아무리 신경이 무딘 사람이라도, 거리에서 마주치는 그런 경험을 차분하게 받아들일 수는 없는 노릇이니까. 최악의 사태는 가족 모두가, 특히 소가족일 경우에 심한데, 빠른 속도로 눈이 멀어버린다는 것이다. 이렇게 되면 그들을 인도하거나 돌봐줄 사람이 남지 않는다. 그것은 동시에 시력을 가진 이웃도 그들로부터 보호받지 못한다는 뜻이다. 이렇게 눈이 먼 사람들은, 평소에는 아무리 애정이 많은 아버지나 어머니나 자식이었다 해도, 이제는 서로를 돌봐줄 수가 없다. 서로를 돌봐주려 하다가는 그림 속에 나오는 눈먼 사람들과 같은 운명, 함께 돌아다니고, 함께 넘어지고, 결국 함께 죽어가는 운명과 마주치게 될 테니까.[29]

주제 사라마구의 글쓰기 스타일은 아주 독특합니다. 쉼표와 마침표 외에는 문장부호를 사용하지 않거든요. 얼핏 그거면 되지 않나 싶은 생각이 들 수도 있죠. 그런데 일단 물음표가 없어요. 그리고 무엇보다 큰따옴표와 작은따옴표가 없습니다. 대화가 구별이 안 되는 거죠. 거기에다가 대화문도 줄 바꿈을 하지 않고 그냥 문장 안에 묻어두거든요. 대화고 묘사고 간에 그냥 한 호흡으로 읽히는 거죠. 이 특유의 스타일 때문에 주제 사라마구의 글은 처음 읽을 때는 잘 읽히지 않습니다. 어느 정도 읽어서 익숙해져야 빠져드는 책이죠. 그래서 만약 노벨상 수상자라는 타이틀이 없었다면 우리나라 사람들이 이 책을 선택했을까 하는 생각이 듭니다.

도입부 문장으로 유명한 《설국》

주제 면에서뿐 아니라 문체의 다양성 면에서도 주목할 만한 노벨 문학상 수상 작품이 있어요. 1968년 수상작인 가와바타 야스나리의 《설국》입니다. 가와바타 야스나리는 노벨 문학상 최초의 동양권 수상자죠. 그리고 이 소설은 동양의 절제미를 잘 보여 준다는 평을 종종 듣는 작품입니다.

이 작품을 말할 때 절대 빼먹을 수 없는 게 "국경의 긴 터널을 빠져나오자, 눈의 고장이었다."라는 도입 문장이죠. 문학작품 중 도입부로 유명한 문장을 꼽으라고 한다면 몇 손가락 안에 드는 명문입니다.

이 도입부에는 주어가 없어서 영어로 번역할 때 굉장히 애를 먹었다고 해요. 영어는 반드시 주어가 있어야 하는 문장구조여서, 정 없으면 it이라는 가주어를 써서라도 주어를 채워 넣잖아요. 그래서 번역문에서는 기차Train가 주어로 쓰였다고 하는데, 원문처럼 주어 없는 문장이 더 무국적성과 환상성을 부각하죠. 이 주어 없는 문장으로 설국 열차에 동승한 우리 모두는 한순간 현실과 환상의 경계가 모호한, 눈으로 뒤덮인 겨울왕국에 서 있게 됩니다.

소설은 기차가 니가타현에 들어서는 장면에서 시작됩니다. 주인공 시마무라는 도쿄에서 니가타현의 온천으로 가는 기차에 타서 자신이 늘 가던 온천에 도착하는데요, 여기에는 게이샤인 고마코가 있어요. 시마무라는 고마코가 본격적으로 게이샤가 되기 전 만났는데, 그때부터 일종의 연인 관계를 유지하고 있습니다. 이 관계에 긴장감을 주는 요코라는 여성도 등장하죠.

드라마틱한 구조를 가지고 있긴 하지만 이 소설은 사실 그렇게 재미가 있지는 않습니다. 이 소설은 줄거리에서 흥미를 끄는 소설은 아니거든요. 세월과 계절 변화에 맞춰 이루어지는 자연의 묘사, 그 자연의 변화 위에 펼쳐지는 세 사람의 관계와 미묘한 감정변화 등이 중요한 소설입니다. 이처럼 은근한 게 이 소설의 맛이라고 할 수 있죠.

시마무라라는 인물이 정말 특이한데요, 한국에서 크게 히트한 《미스터 선샤인》이라는 드라마가 있었죠. 그 드라마에 나오는 사람 중 김희성이라는 인물이 있는데, 돈 많은 한량 캐릭터로 "나는 무용한 것들을 좋아하오."라는 대사가 유명하거든요. 설국에 나오는 주인공 시마무라 역시 무용한 것을 좋아하는 한량 캐릭터라고 할 수 있습니다.

시마무라의 기본적인 삶의 자세는 허무와 절제입니다. 감정에 좌우되는 법이 없어요. 사실 감정에 좌우되는 것도 모두 헛된 것이라고 생각하는 사람이니까요. 그런 시마무라의 비정하기까지 한 절제된 시각이 순간순간 정열적으로 타오르는 고마코의 사랑과 만났으니, 이 사랑은 연소되지 않습니다. 거기에 요코가 등장하며 아주 미묘한 삼각관계의 심리를 형성하거든요.

기본적으로 이런 관계에서 파생되는 미묘한 감정 변화가 있는데, 그것을 그려 내는 방법이 아주 감각적입니다. 직접적인 갈등도 없고 싸움도 없어요. 그런데도 긴장감, 애틋함 그리고 때로는 아름다움이 살아 있습니다. 그래서 서정의 세계를 감각적으로 그려 낸 작품이라는 평을 듣는 것이겠죠. 노벨 문학상을 수여받을 때 스웨덴 한림원의 평가는 "자연과 인간 운명에 내재하는 존재의 유한한 아름다움을 우수 어린 회화적 언어로 묘사했다."였어요.

　이 작품은 줄거리를 따라가는 소설은 아닙니다. 그래서 뭔가 극적인 이야기가 있고 분명한 결론이 나기를 바라는 독자라면 일본 특유의 절제와 무위가 제대로 드러난 이 소설은 답답하게 느껴질 수 있어요. 아마 동양 최초의 노벨 문학상 수상이라는 타이틀이 아니었다면, 한국에서 발견되기 쉽지 않았을지도 모릅니다.
　하지만 이 소설에 발을 들여놓으면 마치 설국에 온 것처럼, 무언가 다른 감각을 느끼며 책에 빠져들게 되고, 다시 현실 세계로 나가기 쉽지 않습니다. 기존 소설의 문법과는 다르지만, 일단 책을 읽게 되면 첫 문장처럼 터널을 빠져나와 다른 세계에 선 듯한 느낌을 받을 거예요. 그런 힘이 있기 때문에 지금까지 스테디셀러로 꾸준히 팔리는 책이 된 것이죠. 노벨상 타이틀은 발견되는 힘을 주긴 하지만, 꾸준히 읽히는 것은 또 다른 문제거든요.

상을 타지 않아 더 유명한 작가

노벨상 외에도 세계 3대 문학상으로 꼽히는 공쿠르상과 맨부커상이 있죠. 물론 문학에 주관적인 잣대를 세워서 상을 주는 것이 적절한가에 대해서 의문을 가지는 사람도 있습니다. 실제로 상을 타지 않은 작품 중에서도 훌륭한 작품이 아주 많습니다.

일본에는 권위 있는 두 개의 문학상이 있습니다. 나오키상과 아쿠타가와상인데요, 일본의 소설가이자 세계적인 소설가인 무라카미 하루키 같은 경우는 둘 중 어느 것도 타지 못했습니다. 등단 때부터 화제가 되고, 인기를 끌었던 무라카미 하루키가 이런 상을 받지 못한 것에 대해 일본인들도 의아해하죠. 오죽하면 일본에서 '아쿠타가와상은 왜 무라카미 하루키에게 수여되지 않았나'라는 제목의 책까지 출간되었습니다. 그러니까 상을 받았다는 것이 좋은 작품이라는 이야기는 될 수 있지만, 상을 받지 못했다고 해서 좋은 작품이 아니라는 뜻은 아닙니다.

무리카미 하루키에 관해 재미있는 점이 두 가지 있는데, 하나는 재즈 카페를 운영하던 하루키가 등단한 것은 《바람의 노래를 들어라》로 《군조》라는 문예지의 신인 문학상을 받은 게 계기가 되었다는 사실입니다. 그리고 또 하나는 하루키를 소개할 때 '아쿠타가와상을 받지 못한 작가'라는 수식어가 꽤 자주 나온다는 거예요. 그 때문에 하루키는 아쿠타가와상을 받은 작가보다 더 자주 아쿠타

가와상을 환기합니다. 다만 아쿠타가와상이 이렇게 언급될 때는
'사람 못 알아보는'이라는 수식어가 생략된 느낌이긴 하죠.

노벨 문학상 작품을 읽는 의의

노벨상을 받은 작품들은 뻔하기보다는 무언가 독특한 지점이 있
는 작품도 많고요, 대륙별로 골고루 시상하는 경향을 20세기 들어
와서는 보이고 있기 때문에 우리에게는 조금은 낯선 나라의 문학
을 소개해 주는 역할을 할 때도 많습니다.

따라서 노벨상을 받은 작품을 읽을 때는 낯익은 편안함보다는
미지의 세계를 탐험하는 불편함을 기대하는 것이 나을 수도 있어
요. 독특한 글쓰기 스타일을 만날 수도 있고, 서사가 아닌 서정 위
주의 내용을 만날 수도 있고, 갑자기 아프리카 전통 부족 한 가운
데에 우리를 갖다 세울 수도 있습니다. 이런 책들은 사실 애써 노
력하지 않으면 잘 읽히지 않는 책들이고, 찾기도 힘들죠. 그러나
찾으려고 노력할 의지를 북돋아 주는 것이 노벨 문학상이라는 타
이틀입니다.

따라서 노벨 문학상 작품을 읽을 때는 안전벨트를 매고 보는 게
좋습니다. 조금은 낯설 수 있는(물론 그렇지 않은 작품도 많지만) 형
식이나 내용을 받아들일 마음의 준비를 하고 보라는 거죠. 사실 그

런 새로움을 발견하는 것이 문학상 수상작들을 활용해 '읽을 책 리스트'를 뽑을 때 기대하는 것입니다.

자신의 취향에 맞는 책만 보는 것도 좋지만, 그럴 경우 우물 안 개구리 독서를 하게 될 수도 있습니다. 자신도 잘 모르는 또 다른 형태의 취향이 있을 수 있는데, 독서 경험이 없다면 그 취향을 발견하지 못할 수도 있죠. 가끔은 늘 가던 산책길을 벗어나서 다른 길로도 가보는 것이 더 풍부한 인생을 만드는 방법이 아닐까요.

지금까지 읽어 본 노벨상이나 다른 문학상 수상작에는 어떤 책이 있나요?

그 책을 읽고 어떤 느낌을 받았나요?

그 책을 읽고 새롭거나 신선하게 느낀 점이 있다면?

지금까지 읽어 본 노벨상이나 다른 문학상 수상작에는 어떤 책이 있나요?

그 책을 읽고 어떤 느낌을 받았나요?

그 책을 읽고 새롭거나 신선하게 느낀 점이 있다면?

제11장

'벽돌책'을
격파하는 법

#하라리
#도스토예프스키
#피케티

두꺼운 책을 대하는 자세

"벽돌책은 도대체 어떻게 읽으면 될까요?"라는 질문을 종종 받습니다. 벽돌책은 500~600쪽 이상 되는 두꺼운 책을 일컫는 말이죠. 제 대답은 "굳이 읽지 마세요."입니다. 과제하듯이 빚진 마음으로 벽돌책에 접근해서는 끝까지 읽기가 쉽지 않습니다.

정말 관심 있는 주제이고, 꼭 읽고 싶은 책이라면 벽돌책이라는 장애가 눈에 들어오지 않을 텐데, 벽돌책인 것이 문제가 된다는 것은 뭔가 의무감에서 읽는 책이라는 말이거든요. 그런데 이건 너무 이상적인 이야기일 수 있고, 이렇게만 접근하면 하다 보면 400쪽을 넘어가는 책은 아예 시작도 못 하게 될 수도 있겠죠. 꼭 읽어야 할 책을 평생 읽지 못하게 될 수도 있습니다. 그래서 그나마 벽돌책을 읽기 위한 현실적인 방법들을 생각해 볼까 합니다.

정공법으로 접근하기

———

우선 좀 정공법으로 접근하자면, 흥미가 가는 것을 읽으라고 하고 싶습니다. 물론 차오르는 흥미도 베개보다 높은 책의 두께 앞에 굴복하는 경우가 있지만, 그래도 평소에 들어 봤거나 자주 언급되는 책, 그래도 재미있다고 소문난 책 같은 경우는 흥미 유지의 지구력을 조금 더 발휘할 여지가 있습니다.

유발 하라리의《사피엔스》, 재레드 다이아몬드의《총, 균, 쇠》, 대니얼 카너먼의《생각에 관한 생각》, 스티븐 핑커의《우리 본성의 선한 천사》, 토마 피케티의《21세기 자본》같은 인문, 경제학 서적이나 미겔 데 세르반테스의《돈키호테》, 빅토르 위고의《레미제라블》, 레프 톨스토이의《안나 카레니나》, 표도르 도스토예프스키의《카라마조프가의 형제들》같은 문학은 대표적인 벽돌책입니다. 그런데 제목들은 친숙할 거예요. 내용도 한 번쯤 들어 봤을지도 모르겠습니다.

아무래도 처음 보는 벽돌책보다는 친숙하게 이름을 들어 본 책들이 조금 더 읽기에 수월할 수 있어요. 특별히 어떤 책을 보아야하겠다가 아니라, 벽돌책을 읽는 경험을 하고 싶고, 그런 경험을

통해 벽돌책을 읽을 수 있는 독서 근육을 단련하겠다 하는 분들은
이런 책들로 시작하는 게 좋겠죠. 이 책들에 대해 제가 정리를 좀
해드릴게요.

유발 하라리의 《사피엔스》

요약 : 사피엔스가 인지혁명, 농업혁명, 과학혁명을 거치면서 죽
　　　음까지 극복할 수 있는 새로운 인류로 진화하고 있다.

장점 : 이 책을 읽으면 최근 지식인처럼 보일 수 있음, 《총, 균,
　　　쇠》에 비해 재미있음.

단점 : 거시사의 특징상 이것저것 많이 생략할 수밖에 없기 때문
　　　에 이 점에 대한 비판도 많음.

재레드 다이아몬드의 《총, 균, 쇠》

요약 : 인류 문명의 발전 속도가 다른 것은 직접적인 이유로는
　　　총, 균, 쇠 때문이고, 근본적인 이유는 지리 환경적 차이
　　　때문이다.

장점 : 지식이 확장되는 것을 스스로 느낄 수 있음.

단점 : 계속 같은 말을 반복하는 느낌. 《사피엔스》에 비해 재미가
　　　떨어짐.

대니얼 카너먼의 《생각에 관한 생각》

요약 : 빠르지만 얕고, 느리지만 깊은 두 가지 생각이 어떻게 나타나는지를 알려 줌.

장점 : 행동경제학 한 분야는 이 책만으로도 어느 정도 섭렵하는 효과.

단점 : 한 분야를 섭렵하는 게 쉬운 일이 아니다.

스티븐 핑커의 《우리 본성의 선한 천사》

요약 : 인간의 이성으로 인해 폭력이 점점 줄어드는 사회가 되고 있다.

장점 : 이 책을 읽고 나면 넷플릭스 드라마 〈오징어 게임〉을 보고 잃어버린 인간에 대한 믿음이 약간은 생김.

단점 : 1,400쪽이 넘는 건 해도 너무 한 거 아닌가.

토마 피케티의 《21세기 자본》

요약 : r 〉g (r : 자본 수익률, g : 노동 수익률)

장점 : 도표와 수치가 많음.

단점 : 도표와 수치가 많음.

미겔 데 세르반테스의 《돈키호테》

요약 : 라만차에 살던 미친 기사 돈키호테가 더 미친 세상과 마

주치는 이야기.

장점 : 재미있다.

단점 : 동화로만 접하다가 이 책을 보면 두께에 기가 질림. 두꺼
운 책 두 권으로 분권되어 있기도 함.

빅토르 위고의 《레미제라블》

요약 : 이렇게 훌륭한 인물이 왜 자베르에게 쫓겨야 하는가?

장점 : 장발장이 촛대를 훔친 것만 알고 있던 사람들에게 이후
장발장의 행적은 참신하게 다가옴.

단점 : 뮤지컬로만 접하다가 책을 보면 분량에 깜짝 놀람. 민음
사 판은 5권으로 되어 있음.

레프 톨스토이의 《안나 카레니나》

요약 : 불륜일 뿐인가, 진정한 사랑인가?

장점 : 19세기 러시아에 대해서 정말 많은 것을 알게 된다.

단점 : 긴 이름들을 다 빼면 분량이 3분의 2쯤 줄지 않을까?

표도르 도스토예프스키의 《카라마조프가의 형제들》

요약 : 아버지를 죽인 것은 도대체 누구인가?

장점 : 3장 종교에 대한 이야기만 넘어가면, 그래도 이야기가 빠
르게 전개되어 읽을 만함.

단점 : 3장을 넘어가기가 무척 힘듦.

　이런 정보를 미리 알고 책에 대한 흥미를 느낀 후 읽기 시작하면, 중도 탈락률을 조금은 낮출 수 있을 겁니다. 벽돌책의 완독률에 대해 구글 검색 전문가인 세스 스티븐스 다비도위츠가 그의 책 《모두 거짓말을 한다》에서 알려 준 바가 있습니다. 그에 따르면 벽돌책의 완독률은 약 3~4퍼센트 정도라고 하더군요. 두꺼운 책의 첫 장을 읽은 사람이 마지막 장까지 읽을 확률은 25명 중에 한 명이라는 거죠.

　그러니까 벽돌책에 도전했다가 실패하더라도, 스스로를 '인생의 낙오자'라고 자책할 필요는 전혀 없어요. 오히려 지극히 인간적인 모습이라고 생각해도 됩니다. 25명 중에 24명이 여러분과 같으니까요. 그러니 괜히 시작했다가 끝까지 못 보면 어쩌나 두려워하지 말고, 그게 당연한 거라고 생각하세요. '특이한 한 명이 되어 보는 것도 나쁘지 않겠다'는 가벼운 마음으로 벽돌책 격파에 도전하기를 권합니다.

완벽하게 읽을 필요는 없다

제가 벽돌책을 읽는 아주 특별한 방법을 알려드릴게요. 이런 절묘

한 방법이 있다니 하고 깜짝 놀랄 겁니다. 그건 바로 '안 읽는 것'입니다.

이게 무슨 말도 안 되는 소리인가 생각하겠지만, 사실은 매우 말이 됩니다. 책을 교과서나 참고서 대하듯이 생각하는 분은 책의 구석구석, 한 문장 한 문장까지 다 읽으려고 하겠지만, 이것은 자칫 흥미가 떨어지는 책이라면 다시는 책을 잡지 않는 계기가 될 수도 있는 독서법입니다.

앞에서 누가 발표를 한다고 해서 발표자의 모든 말에 다 주의를 기울이고 반응할 필요는 없지 않습니까. 그 발표가 장황하고 유난히 길 때는 더더욱 그렇죠. 전체 발표의 흐름과 주제 그리고 여러분이 흥미를 가진 각론 정도에만 주의를 기울이는 게 오히려 그 발표를 효과적으로 활용하는 방법이 돼요. 책도 마찬가지입니다. 특히 벽돌책이라면 더더욱.

시간이 있고 여유가 있으면 한 문장 한 문장 음미하며 읽는 것도 좋겠지만, 대부분의 사람은 늘 필요한 시간보다 가진 시간이 적거든요. 그렇다고 가진 시간을 늘릴 수는 없으니 필요한 시간을 줄일 수밖에 없죠.

인문학이나 경제 분야의 벽돌책들은 대부분 사례를 담고 있어요. 어떤 주장이나 명제를 앞에 두고, 그것을 증명하는 사례들을 두 번, 세 번 반복해 들면서 증명을 합니다. 그래서 이런 책을 처음 읽는다면 비슷한 얘기가 계속 반복되는 것에 질릴 수 있거든요. 보통 사례들도 재미있기 때문에 여유가 있다면 읽으면 되지만, 시간을 아껴야 한다면 그 사례들 가운데 한두 가지 정도는 빼고 넘어가도 됩니다.

또한 문학 분야의 벽돌책들은 사회에 대한 서술과 배경 묘사가 꽤 장황하게 나오는 경우가 많죠. 물론 소설에서 주 사건이 일어나는 배경을 아는 것도 중요하지만, 당장 진행이 급한 경우에는 일단 주요 인물의 사건에만 초점을 맞추는 것도 좋습니다.

표도르 도스토예프스키의 《카라마조프가의 형제들》은 대표적인 벽돌책입니다. 원래부터도 유명한 책이지만, JTBC 예능 〈효리네 민박〉에서 이효리네 펜션의 아르바이트생으로 등장한 가수 아이유가 휴식 시간에 바로 이 《카라마조프가의 형제들》 제2권을 보는 장면이 전파를 탄 이후로 더더욱 관심을 받게 된 책입니다.

《카라마조프가의 형제들》은 카라마조프가의 삼형제에 관한 이야기입니다. 이 집안은 그야말로 콩가루 집안으로 서로를 미워하는 아버지와 첫째 아들, 둘째 아들이 있고, 주인공 격인 셋째 아들이 그나마 이들의 가교 역할을 하죠. 갈등의 중심에는 그루셴카라는 여성이 놓여 있어요. 여기에 카라마조프가의 사생아라고 알려진 스메르자코프도 있죠. 그런데 갈등과 탐욕이 절정에 이른 어느 날 아버지가 살해되고, 첫째 아들이 친부 살해범이라는 의심을 받고 체포됩니다.

이렇게만 보면 정말 막장 드라마 못지않은 전개죠. 내용도 흥미진진해요. 하지만 이 내용 사이에 여러 가지 언설과 교훈, 심지어 토론과 설교 같은 것들이 있어요. 사실 있는 정도가 아니라 많습니다. 물론 그런 얘기들 때문에 수많은 철학자, 심리학자, 인문학자, 문학가가 이 소설을 명작의 반열로 추켜세우는 것이지만, 그건 그런 이야기들이 이해가 되는 사람들에게 해당될 뿐, 그런 이야기 때문에 책을 덮을 위기에 놓인 평범한 독자들에게는 와 닿지 않을 수도 있습니다.

　그러니 과감하게 그런 내용을 건너뛰고, 일단 흥미를 느낀 부분, 그러니까 스토리에 집중해도 괜찮습니다. 어차피 이런 명작을 제대로 이해하기 위해서는 한 번만 읽어서는 안 되거든요. 나중에 두 번, 세 번 읽을 때 그런 부분까지 보면 돼요. 다시 읽을 때는 이야기 전개는 알고 있는 상태이기 때문에 다른 부분까지 눈에 담을 수 있는 여유가 생기거든요.

　한 번만 읽고 다시 읽을 계획이 없는 분도 마찬가지로 '건너뛰며 읽기'는 유용한 방법입니다. 띄엄띄엄 읽으면 책을 반만 읽는 거나 마찬가지인데 이게 어떻게 좋은 방법인가 하겠지만, 이렇게라도 안 하면 그 책을 한 번도 못 읽을 가능성이 훨씬 크잖아요. 아예 안 읽는 것보다는 반이라도 읽는 게 낫죠. 반이라도 읽어 놓으면 나중에 나머지 반을 읽을 마음이 생길 수도 있고요.

시작이 반이다

벽돌책을 읽는 또 하나의 방법이자, 문학 외의 모든 책을 읽을 때 굉장히 유용한 방법이 있어요. 그건 책의 제일 앞장을 활용하는 것입니다. 대부분의 사람이 책을 읽을 때 1장부터 시작을 합니다. 하지만 1장 이전부터 책은 시작되고, 거기에 사실은 책의 모든 것이 담겨 있습니다. 그곳은 바로 차례와 머리말이죠.

머리말 같은 경우, 머리말이라는 이름과 달리 많은 작가가 머리말을 제일 마지막에 써요. 머리말에 작품 내용을 요약하거나 핵심 메시지에 대해 언급하는 경우가 많죠. 특히 문학 외의 분야에서는 그럴 가능성이 훨씬 커요. 그래서 머리말은 작가가 그 책을 통해 하고자 하는 말의 정확한 좌표가 됩니다. 그 좌표를 알고 책을 읽기 시작하면 방향성은 분명하니까 다른 곳으로 빠지지 않고 올바른 방향에 맞춰 읽어 나갈 수 있습니다. 특히 논리적인 글의 경우 아예 '서문'이라는 이름으로 본격적으로 논의가 시작되기 전에 전체 내용을 정리해 주고 시작하는 경우도 많습니다.

다음은 토마 피케티의 《21세기 자본》의 서문에 있는 글인데요, 피케티 자신이 '이 두꺼운 책을 하나로 요약하자면 바로 이 말'이라고 알려 주고 있어요. 책의 나머지 분량은 이런 결론에 이르기까지의 증거들입니다.

더욱이 자본 수익률이 오랜 기간 성장률을 크게 웃돌면 (반드시 그런 것은 아니겠지만 성장률이 낮을 때는 그럴 가능성이 커진다) 부의 재분배에서 양극화의 위험은 매우 커진다.

내가 r > g라는 부등식으로 표현할 이 근본적인 불평등은 이 책에서 결정적인 역할을 할 것이다. (여기서 r은 연평균 자본수익률을 뜻하며, 자본에서 얻은 이윤, 배당금, 임대료, 기타 소득을 자본총액에 대한 비율로 나타낸 것이다. 그리고 g는 경제성장률, 즉 소득이나 재산의 연간 증가율을 의미한다.) 어떤 면에서는 이것이 책의 논리를 전체적으로 요약하는 것이다.[30]

머리말이나 서문을 보고 좌표를 찍었다면, 그다음은 경로를 볼 차례입니다. 낯선 길을 찾아가기 위해 내비게이션으로 찾을 때가 있잖아요. 내비게이션에 좌표를 찍으면, 보통은 빨간색 선으로 거기까지 가는 경로가 표시되죠. 머리말이 좌표라면, 차례는 바로 이 경로에 해당한다고 보면 됩니다.

내비게이션 안내가 시작되면 '200미터 앞에 좌회전' 하는 식으로 구체적으로 들어가지만, 그 전에 전체 경로를 한번 인지하는 과정을 거치면 운전이 조금 더 쉬워집니다. 그걸 보고 '강변북로를 타라는 거구나'라든가 '서부간선은 피하자' 같은 계획을 세울 수 있거든요. 운전하면서도 경로에 대한 인지가 있으니, 가끔 내비게이션에서 헷갈리게 길을 안내할 때도 조금 덜 헤맬 수 있죠. 마찬가지로 차례를 보면 이러저러한 경로로 글쓴이가 하는 말에 이르는구나 하는 것을 알 수 있어요.

책의 1장을 시작하기 전에 머리말과 차례를 한 번 훑어보고서 책에 대한 가상 시뮬레이션을 한 상태로 독서에 들어가면, 완주하고 목적지에 도달할 확률은 두 배 이상 높아집니다. 알고 가는 길과 모르고 가는 길의 차이라고 보면 돼요.

다른 미디어를 적절히 활용하자

아직 독서 능력이 부족해서 머리말이나 차례만 보고는 요약이 되지 않는다는 분들을 위해 또 하나의 방법을 알려드리면 뉴미디어를 잘 활용하라는 것입니다. 예전에 미디어라고는 신문, TV밖에 없을 때는 어떤 책에 대한 서평이나 리뷰, 요약 같은 것을 찾기가 매우 어려웠어요. 신문 서평란에 실리는 책은 매우 한정적이었고, TV에서는 책을 잘 다루지 않았으니까요. 그리고 이런 미디어를 통해 대중에게 말을 건네는 사람들이 대부분 교수나 평론가라서 해석해 주는 말이 오히려 더 어려운 경우도 있었죠(영어 문제집 풀 때 영어 해석을 보았는데, 변역해 놓은 우리말이 더 헷갈린 경험이 있지 않나요).

하지만 뉴미디어의 시대가 열리면서 블로그, 브런치, 포스트, 카카오 스토리 같은 글쓰기 매체, 팟캐스트나 네이버 오디오클립 같은 음성 매체, 그리고 무엇보다 유튜브 같은 영상 매체까지 책을 리뷰해 주는 채널이 많습니다. 오히려 너무 많기 때문에 어떤 채널이 신뢰감 있는지, 혹은 자신의 취향이나 감성과 잘 맞는지 찾기가 어려울 지경이죠.

이런 채널을 뒤적이다가 자신과 잘 맞는 채널 몇 개 정도를 구독하든가, 필요할 때 검색을 통해서 책에 대한 리뷰를 서너 개 보고 책을 읽으면 에베레스트산을 올라갈 때 셰르파의 안내를 받으며 등반하는 느낌을 받을 수 있습니다. 물론 리뷰어와 다른 생각이나 관점을 가지는 것도 얼마든지 가능하죠. 오히려 그런 게 바람직한 독서고요.

읽어 보았거나 앞으로 도전해 보고 싶은 벽돌책에는 어떤 것이 있나요?

그 책의 내용을 한마디로 정리하면?

왜 그 책에 끌렸나요? 다른 사람에게 추천한다면 어떤 말로 권할 수 있을까요?

읽어 보았거나 앞으로 도전해 보고 싶은 벽돌책에는 어떤 것이 있나요?

_____

_____

_____

_____

그 책의 내용을 한마디로 정리하면?

_____

_____

_____

_____

왜 그 책에 끌렸나요? 다른 사람에게 추천한다면 어떤 말로 권할 수 있을까요?

_____

_____

_____

_____

읽어 보았거나 앞으로 도전해 보고 싶은 벽돌책에는 어떤 것이 있나요?

그 책의 내용을 한마디로 정리하면?

왜 그 책에 끌렸나요? 다른 사람에게 추천한다면 어떤 말로 권할 수 있을까요?

제12장

누구나 '인생책' 한 권쯤은 있다

#위로
#깨달음
#로망

당신의 선택이 정답이다

———

누구나 읽어야 할 '인생책'은 없습니다. 다만 누구나 인생책 하나 쯤은 있죠. 아무리 책을 안 읽는 사람이라고 해도, 인상 깊은 책, 기억에 남는 책 한 권쯤은 있을 거예요. 스스로 인생책이라는 거창한 이름을 붙이지 않더라도 그 책이 사실상 그 사람의 인생책입니다.

재미있는 것은, 사람들의 인생책을 들어 보면 서로 겹치는 책도 많지만 기본적으로는 다양성이 더 도드라진다는 겁니다. 책을 읽는 경험은 자신의 인생 경험과 따로 떨어져 존재할 수 없는 것이다 보니 그런 것 같아요. 개개인의 인생 경험은 DNA 염기서열만큼 다양하고, 각자의 지문처럼 모두 다르다 보니, 각자가 느끼는 인생책도 다 다른 거죠. 그래서 어떤 사람에게는 인생을 바꾼 인생책인데, 다른 사람에게는 그저 인상 좋은 책 중 하나일 때도 있고요, 반대로 어떤 사람에게는 '뭐 이런 책이 다 있어?' 할 정도로 마음에 들지 않은 책이 다른 사람에게는 '이런 책이 다 있었네!' 하면서 눈물 뚝뚝 떨어뜨릴 정도로 감동적인 책일 수도 있습니다.

인생책을 추천하는 게 그만큼 어렵다는 얘기죠. 그래서 기본적으로 인생책은 어떠한 이유로든 간에 자신의 선택이 절대적으로 옳습니다. 인생책에 자격이나 정답은 없으니까요. 만화책이든, 동화책이든, 심지어 요리책이든 당신이 그 책을 인생책으로 꼽는다면 그 책이 당신의 인생책입니다.

인생책으로 많이 꼽히는 책의 경향성

———

그래도 많은 사람의 인생책을 듣다 보면 전반적인 경향성은 생기는 것 같습니다. 미디어를 통해 전해지는 명사들의 인생책, 제 강의나 강연을 들으러 온 청중들이 들려주는 인생책, 그리고 제 북튜브 채널의 구독자들이 알려 준 인생책 등을 보면, 사람들의 인생책은 크게 네 가지 분류로 나뉘는 것 같아요.

가장 전형적인 인생책은 역경을 견디는 이야기 혹은 위로의 내용을 담은 책입니다. 마음이 힘들고 외로울 때 책을 읽고 위로받는 경우, 그 책이 바로 인생책이 되는 거죠. 두 번째로 많은 유형의 인생책은 깨달음의 이야기입니다. 인생을 사는 지혜를 얻을 수 있는 책인데요, 깨달음의 내용이 대부분은 '모든 것은 당신(마음)에게 달려 있다'인 경우가 많고, 표현을 어떻게 하느냐 정도의 차이가 있습니다. 세 번째는 지식만으로는 한 번에 잘 이해가 안 가는 광대하고 심오하거나 거시적인 이야기입니다. 지적인 호기심을 자극하고, 영적 상상력을 북돋아 주는 책들이죠. 마지막 네 번째는 기존의 책들과는 다른 독특한 책들입니다. 내용이든 형식이든 인상에 아주 깊게 남는 책이죠.

인생책이라는 키워드에는 사실 감성적인 요소가 가득합니다. 그 감성적인 말을 이렇게 이성적으로 분석해 놓으니 정 없어 보이지만, 이것도 인생책에 접근하는 색다른 방법이 될 거예요. 그러니 '각자 고른 인생책이 인생책이다'라는 정답을 살짝 접어 놓고, 이네 가지 인생책의 분류에 대해 생각해 보는 것도 좋겠습니다.

인생책 분류 1 : 위로와 역경의 이야기

요즘 같은 초가속의 시대, 그리고 미디어가 범람하는 시대에는 책이 손에 잘 잡히지 않습니다. 책을 안 읽으니 당연히 인생책을 만날 기회가 줄어들 수밖에 없죠. 그래서 보통은 삶에 책 한 권 들일 여유가 생길 때 인생책을 만나게 되는 경우가 많은데, 그 여유가 마음의 여유일 때도 있지만 시간의 여유일 때가 많죠.

그런데 시간 여유는 정해져 있는 일상 스케줄에 살짝 비껴 가 있을 때 많이 생기잖아요. 가령 취업 준비하는 시기, 경력이 단절된 시기, 은퇴 후 시기는 삶의 틀에서 보면 어려운 때임이 틀림없습니다. 아니면 오히려 마음의 여유가 없어 공허할 때 그것을 채우기 위해 책을 손에 잡는 경우도 있는데요, 이 또한 인생이 쉽지 않게 느껴지는 시기죠.

그래서 이런 시기에 만나는 인생책은 그런 상황에 적절한 말을 건네는 책이 많아요. 사실 어려운 상황이 인생책을 발견해 내는 것이기도 하죠. 책 내용 자체가 커다란 감동을 주기도 하고, 그저 한 구절이 마음에 깊이 와 박히기도 합니다.

〈시한책방〉 채널을 통해 구독자들에게 각자의 인생책을 추천해 달라고 한 적이 있거든요. 몇 백 건의 인생책 추천이 들어왔는데, 정말 다들 달랐어요. 그래도 겹치는 책이 좀 있어서 순위를 내봤는데, 1위를 차지한 책이 있습니다. 빅터 프랭클의 《죽음의 수용소에서》입니다.

이 책은 의사이자 심리학자인 빅터 프랭클의 심리분석 방법인 로고테라피에 관한 책이에요. 책을 두 부분으로 나누어서 보면 후반부에 로고테라피에 대한 이야기가 나오죠. 하지만 많은 사람이

뒷부분보다는 앞부분 때문에 이 책을 선택하고, 인생책으로 꼽고 있습니다.

유대인인 빅터 프랭클은 2차 세계대전 때 나치에 의해 아우슈비츠 수용소에 끌려갔습니다. 내일 죽어도 이상하지 않은, 오히려 1년 뒤에도 살아 있을 거라고 생각하는 게 이상한 수용소 생활에서 빅터 프랭클 박사는 살아남는데요, '프랭클 박사는 어떻게 살아남았는가'에 대한 이야기를 이 책은 담고 있습니다.

그 경험은 프랭클의 로고테라피를 더욱 설득력 있게 만들어요. 프로이트처럼 의자에 앉아 과거 옷장 속에 갇혔던 기억만 뒤지는 게 아니라 실제로 죽음의 한가운데에서 최고의 절망을 맛본 사람이니까요. 이 사람의 말은 경험에서 우러나온 힘이 있습니다.

제가 제일 공감한 구절은 기이한 시간 감각인데요, 배고픔으로 꽉 찬 수용소에서의 하루는 영원처럼 느껴진다고 합니다. 하지만 그보다 긴 시간 단위인 일주일은 하루보다 더 짧게 느껴진다는 거예요. 사실 저는 이걸 대학원 때 경험한 적이 있었거든요. 제 인생에 슬럼프가 왔었을 때인데, 하루는 길고 지루했는데 돌아보면 일주일 한 달은 쓱쓱 지나가는 경험을 했어요. 요즘 취준생들에게도 이런 이야기를 하면 격하게 공감하더라고요.

그런데 그게 실제 연구결과에 있다네요. 실직한 광부들을 대상으로 조사한 결과 그들은 뒤틀린 시간 감각 때문에 고통받는대요.

이런 시간 감각을 가지는 사람들의 공통점은 미래에 대한 비전을 상실했다는 거랍니다. 미래가 전혀 안 보이고 무엇을 할지 모를 때, 그러니까 미래에 대한 대비가 불가능하고 지금의 삶이 임시적인 것처럼 느껴질 때 이런 시간 감각이 발생한대요. 결국 미래를 그릴 수 있느냐 아니냐에 달려 있다는 것이죠.

《죽음의 수용소에서》는 빅터 프랭클 박사가 처음 수용소에 들어가서 나올 때까지의 이야기가 거의 연대기적으로 구성되어 있어요. 때로는 의사로서의 자신을 자각하기도 하지만, 보통은 살덩어리 취급받는 유대인 수용자로서 인간 이하의 삶을 사는 이야기가 더 많이 나오죠. 아마 많은 분이 이 이야기를 읽으면서 '그래도 내 처지가 이 사람보다는 낫구나' 하고 느낄 거예요.

마지막 남아 있던 피하 지방층이 사라지고, 몸이 해골에 가죽과 넝마를 씌워 놓은 것같이 됐을 때 우리는 우리 몸이 자기 자신을 먹어 치우기 시작했다는 것을 느낄 수 있었다. 내장 기관이 자체의 단백질을 소화시켰고, 몸에서 근육이 사라졌다. 그러자 저항력이 없어졌다. 같은 막사에 있던 사람들이 하나둘씩 죽어 나갔다. 우리는 모두 다음에는 누가 죽을 것인지, 자기 자신은 언제 죽을 것인지 아주 정확하게 알고 있었다. 그동안의 경험을 토대로 어떤 징후가 보이면 어떤 일이 일어날 것인지 정확하게 예측할 수 있었던 것이다.

"저 사람 오래 못 갈 것 같아".

"다음 차례는 저 사람이군."

우리는 이렇게 수군거렸다. 매일 저녁 몸에 있는 이를 잡으면서 우리는 자기 알몸을 바라보았다. 그러고는 모두 같은 생각을 했다. 여기 있는 이 몸뚱이, 이제 정말로 송장이 됐구나. 나는 무엇일까? 나는 인간 살덩이를 모아 놓은 거대한 무리의 한 부분에 지나지 않는다. 철조망 너머 사람들로 바글거리는 막사에 갇혀 있는 거대한 무리의 한 부분, 그 구성원의 일부가 죽어서 몸뚱이가 썩기 시작하는 바로 그 거대한 무리의 극히 일부분에 지나지 않는 것이다.[31]

하지만 그저 이 사람보다는 낫다는 위안만이 이 책에 있는 것은 아닙니다. 중요한 포인트는 자신이 죽음의 수용소를 견뎌 내고, 많은 수용자를 절망 속에서 견디게 한 힘에 대한 이야기죠. 한마디로 간단하게 요약하자면 '삶의 의미'를 찾는 것입니다. 자신의 생존이 무의미하다고 느낄 때 인간은 생명을 포기하게 된다고 합니다. 빅터 프랭클 박사는 그래서 인간이 자신의 삶에서 의미를 찾아야 한다고 하는데, 그게 내적 가치나 정신적 의미는 아니에요. 이 세상, 그러니까 구체적인 현실에서 자신의 생명에 대한 의미를 찾으라는 말입니다.

인생책 분류 2 : 깨달음의 이야기

'가심비'라는 말이 유행한 적이 있죠. 가성비는 가격 대 성능비로, 성능이 좋고 가격이 쌀수록 물건에 대한 만족감은 증대한다는 뜻입니다. 그런데 가심비는 가격 대 마음입니다. 마음이라는 것은 개인적 만족의 정도죠. 그러니까 가격 대비 만족도가 높은 물건을 소비자들은 구매하게 된다는 것인데요, 인생도 마찬가지죠. 가격을 노력이나 열정으로 치환하고, 성능을 그에 따른 부라고 하면, 마음은 인생에 대한 만족도라고 할 수 있어요.

산업사회, 경쟁사회에서는 가성비를 따져서 어떻게 하면 적은 노력으로 부자가 될 수 있을지에 혈안이 되지만, 한 걸음 뒤로 물러서면 부자라는 것이 과연 자신의 마음에 만족을 주는가 하는 의문이 들게 됩니다. 부를 추구하다 보면 언제나 더 많은 부를 원하게 되고, 주변 사람들과는 돈으로 구축되는 관계만 형성되다 보니 이것이 과연 행복한 인생인가 생각하게 되거든요. 그래서 많은 깨달음이 가심비에 관한 것이죠.

가심비는 곧 '노력은 적게, 마음의 만족은 크게'입니다. 불행은 자신이 원하는 가심비의 기준에 다다르지 못할 때 생기죠. 불행은 언제나 모자란 느낌, 채워지지 않는 허기잖아요. 반대로 행복은 자신이 기준 삼는 가심비에 다다를 때 생깁니다. 가심비라는 분수에서 분모인 노력을 덜할 때 가심비 기준을 넘을 수 있죠. 노력을 덜

하면 분모가 내려가면서 가심비는 올라갑니다. 마음속 가심비의 기준이 3이라면 만족도가 9, 노력이 3일 때는 3분의 9니까 이 기준에 도달하게 됩니다. 그런데 노력이 2라면 이 기준을 넘게 되죠. 이 비례를 그대로 적용해 보면 만족도가 3, 노력이 1이어도 우리 마음속의 기준치인 가심비가 3이 넘게 됩니다. 똑같이 가심비가 3인데, 노력을 3이 아니라 1만 해도 마음의 만족도 기준만 낮춘다면 우리는 행복의 범위에 머물게 되는 거죠.

뭔가 요즘 트렌드 같은 얘기라고요? 아닙니다. 아주 옛날부터 이런 생각의 전통은 쭉 이어져 오고 있습니다. 이 수치적인 분석을 요즘 말로 바꿔 보면 '적게 일하고 잘 살자'가 될 것이고, 옛날 말로 바꿔 보면 '안빈낙도'安貧樂道가 될 것이니까요.

사실 자기계발서도 그렇고, 인생의 지혜를 전해 주는 책의 핵심 아이디어는 이미 옛날부터 거의 고정되어 있어요. 만족도의 기준을 낮춘다는 것은 알렉산더 대왕이 가르침을 청하고자 찾아간 철학자 디오게네스의 이야기에도 잘 드러납니다. 나무통 안에 앉아 일광욕을 즐기던 디오게네스에게 당시 세계의 지배자였던 알렉산더가 '무엇이든 그대의 소원을 들어줄 수 있다'라고 하자, 그러면 햇빛이 들어올 수 있게 옆으로 좀 비켜 달라고 한 일화가 있죠.

연암 박지원은 《열하일기》에서 요하(지금의 랴오허강)를 하루에 아홉 번이나 건너며 '아, 나는 이제야 도道를 깨달았다'라는 유명한 말을 남깁니다. 낮에는 눈으로 강을 쫓다 보니, 귀에 들려오는 소리가 없는데, 밤에 건너면 눈이 안 보이는 통에 귀에 요하의 물소리가 위협적으로 들려온다는 이치를 깨닫고 남긴 말이죠. 그는 '마음을 잠잠하게 하는 자는 귀와 눈이 누累가 되지 않고, 귀와 눈만을 믿는 자는 보고 듣는 것이 더욱 밝아져서 큰 병이 된다는 것을 깨달았다'라면서 마음에 대한 이야기를 해요.

인생책으로 뽑히는 책에도 이런 마음을 다스리는 것, 마음을 만족시키는 것에 대한 이야기가 많습니다. 표현이나 형식이 다양할 뿐이지 내용은 사실 비슷해요. 그중에서도 많은 이들이 인생책으로 꼽는 책은 헨리 데이비드 소로의《월든》입니다.

하버드 대학까지 졸업한 엘리트가 월든 호숫가에 오두막을 짓고 2년여 동안 산 이야기입니다. 침대와 책상이 들어가면 딱 차는 정도의 오두막에 자신이 숲에서 직접 얻은 먹거리를 먹으며, 숲속에서 살아가는 이야기라서 사실 줄거리랄 것도 없습니다. 에세이면서 시이기도 한 월든의 세계를 작가와 같이 산책하는 느낌으로 읽어야 하는 책인데요, 작가의 마음속 만족감이 충만하게 표현되어 있다 보니, 월든 호숫가가 아주 신비롭고 풍성한 낙원처럼 느껴져요. 하지만 현실은 좀 다르죠. 소로의 생활을 본 마을에서 가장 가난한 사람이 '저렇게는 못 살겠다'라고 할 정도였으니까요. 결국 소로의 오두막을 가득 채운 것은 생활의 풍족함이 아니라 마음의 만족감이고, 그것이 숲속에서의 생활을 행복하고 신비롭게 만든 것입니다.

> 대체로 나는 시간이 어떻게 흘러가는지 개의치 않았다. 하루는 마치 내가 해야 할 일을 덜어주려는 듯이 지나갔다. 아침이구나 하면 어느새 저녁이 되었다. 그렇다고 특별히 해놓은 일은 없었다. 새처럼 노래 부르는 대신 나는 나의 끝없는 행운에 말없이 미소 지었다. 참새가 집 앞의 호두나무에 앉아 지저귈 때 나는 혼자서 키득키득 웃었다. 이 웃음은 차라리 새처럼 노래 부르고 싶은 충동을 억누른 것으로 참새는 내 둥지에서 나는 그 소리를 들었으리라. 나의 하루하루는 이교도의 신의 이름을 붙인 한 주일의 어느 요일이 아니었으며, 또 24시간으로 쪼개져 시계의 째각째각하는 소리에 먹혀들어가는 그런 하루도 아니었다.[32]

현대인들은 '아침이구나 하면 저녁이 되는' 감각을 느낄 수 있는 시간이 없잖아요. 어쩌다 가끔 그런 주말을 겪으면 개운한 마음도 있지만, 쓸모없이 시간을 보낸 느낌이 들어 불안하기도 하죠. 따지고 보면 시간이 없는 게 문제가 아니라 여유가 없는 게 문제입니다. 그래서 체험적으로라도 이런 여유를 느껴보고자 하는 사람들이 제주도 한 달 살기나 느리게 세계여행, '적게 벌어 잘 살자' 같은 트렌드를 만들어 내고 있어요. '소확행'이라는 말도 그런 트렌드의 일환으로 나온 말이고요.

　인생의 깊은 깨달음을 주는 인생책들은 시간의 뒤꽁무니를 쫓으며 불안하게 살지 말고 시간의 앞에 서서 뚜벅뚜벅 걸어가라는 조언을 해줍니다. 성공하려고 바락바락 애쓰는 사람들에게 도대체 어떤 것이 성공이냐고 묻기도 하고요. 이런 조언들은 늘 우리 곁에 있지만 정작 가장 필요할 때는 삶의 속도에 치여서 안 보이다가, 이런 시간을 가지게 될 때 눈에 들어옵니다. 늘 한 걸음씩 늦게 찾아오는 인생책들이라고 할 수 있죠. 물론 그걸 알고 있는 우리는 그들이 찾아오기 전에 먼저 찾아갈 수 있으니, 조금은 유리한 위치에 있다고 봐야겠죠.

인생책 분류 3 : 광대하고 심오한 이야기

———

인생책 중에는 완벽하게 이해하지 못했기 때문에 인생책이 되는 경우도 있어요. 이런 경우는 '무인도에 가게 된다면 꼭 가져가고 싶은 책' 같은 분류로 빠지기도 하죠. 서너 번 읽어도 읽을 때마다 다른 느낌을 주는 책이어야 무인도로 가져가서 닳도록 볼 수 있잖아요. 그래서 심오한 철학을 담고 있는 책이나 어려운 과학책, 종교적인 책들 역시 이러한 인생책의 범주에 들어갑니다. 지적인 깨달음을 주는 책들도 이에 해당됩니다.

그런데 이 모든 요소를 한 책에 담고 있는 책이 있어요. 철학적이기도 하고 그래서 종교적인 느낌도 있지만, 인문학적인 과학책입니다. 많은 사람이 과학책을 인생책으로 꼽습니다. 저에게도 인생책은 아니지만 '꼭 하나 죽기 전에 이것만은 읽어 보면 좋은 책'을 추천해 달라고 할 때 (이런 극단적인 추천을 왜 부탁하는지는 잘 모르겠지만) 바로 이 책을 추천합니다. 칼 세이건의《코스모스》죠.

《코스모스》는 앞장의 키워드였던 과학책이나 벽돌책, 한 분야의 고전 등 여러 항목에 해당해서 그때마다 언급하고 싶었던 책인데요, 결국 인생책이라는 말로 정리되겠구나 싶어 아끼고 아끼다가 여기서 이 비장의 칼을 뽑아 들었습니다.

이 책은 벽돌책의 대표주자로 언급될 만큼 분량의 존재감이 상당한 책인데요, 그래서 처음에는 읽기 쉽지 않습니다. 그리고 각장에는 우주에 대한 이야기뿐 아니라 인문학적인 이야기, 과학자의 이야기 등 다양하게 전개되어서 자칫 산만한 느낌을 받기도 쉬워요. 그러니 이 책은 한 번에 모든 것은 이해하려고 애쓰지 말고, 그 가운데 자신에게 다가오는 부분만 잘 받아들여도 좋습니다. 이 책을 한 번 읽은 사람이라면 딱 한 번만 읽고 끝내지는 않을 가능성이 크거든요. 그러니 다음에 다시 읽을 때 또 다른 부분을 봐도 좋아요.

《코스모스》뿐 아니라 좀 어렵다 싶은 책들, 그럼에도 불구하고 마음에 와 닿는 심오한 책들은 어차피 한 번에 이해되지 않아요. 인생책은 자신이 완벽히 이해한 책이 아니어도 좋습니다. 앞으로 이해하고 싶고, 살면서 언젠가 이 책을 확실하게 알게 될 그 날이 기대되는 책들도 얼마든지 우리들의 인생책이 될 수 있어요. 이런 책들은 정확히는 '인생을 통해 도전해야 할 책'이라고 할 수 있겠지만요.

인생책 분류 4 : 독특하고 특이한 느낌을 주는 책

앞서 제 채널에서 인생책을 추천받아 순위를 매겼을 때 《죽음의 수용소에서》가 1위라고 했잖아요. 그럼 2위는 어떤 책이었냐, 바로 파트리크 쥐스킨트의 《향수》였습니다. 사실 저는 당황했어요. 사실 흔히 생각하는 인생책의 범주가 아니었거든요. 인생책이라는 말에는 자신의 인생에 감정적인 감동을 주는 책이라는 뉘앙스가 숨어 있죠. 그래서 인생책은 인생을 바꾼 책, 인생의 가치관에 변화를 준 책 정도로 해석이 되는데요, 《향수》는 그런 범주로 묶기에는 너무나 궤도에서 벗어나 있는 책이니까요.

이 책은 오히려 너무나 독특하고 매운맛의 이야기이기 때문에

'내 인생에 나를 이렇게 대한 책은 니가 처음이야' 같은 류의 인생 책이라고 할 수 있어요. 자신의 인생에서 가장 독특해서 기억에 남는 책, 평온한 정신에 문화충격을 던져 준 책 정도의 개념인 거죠.

이 책의 부제까지 포함한 제목은 '향수 : 어느 살인자의 이야기'입니다. 향수라는 제목만 보면 고향에 대한 이야기나 로맨스 소설을 떠올리기 쉬운데, 그런 책은 아닙니다. 또 '어느 살인자의 이야기'라는 부제를 보면 추리소설이나 스릴러 소설을 떠올릴 수 있는데, 그것도 아닙니다.

일단 향수가 고향을 그리워하는 마음이라는 뜻의 그 향수鄕愁가 아닙니다. 몸에 뿌리는 향수香水입니다. 이 소설의 핵심은 냄새거든요. 그리고 그 냄새를 완성해 가는 과정에서 살인이 일어나는 이야기예요.

소설의 배경은 18세기 프랑스입니다. 이후 영아살인죄로 처형당하는 어머니에게서 태어난 그루누이는 후각의 천재입니다만 정작 그 자신에게는 체취가 없습니다. 고아로 전전하다가 향수 장인의 도제로 일을 시작하게 된 그루누이는 세상의 모든 냄새를 기억하고 자유자재로 다루며 창조해 낼 수 있어요.

그루누이는 파리에서 더 이상 배울 게 없자 일하던 향수 가게를 떠나 향수의 낙원 그라스로 가서 정물, 동물, 심지어 사람에게서 냄새를 추출하는 새로운 방법을 배우게 됩니다. 이제 그루누이는 단순히 좋은 향을 만드는 수준을 넘어 사람들에게 주목을 끌지 않거나 반대로 강렬한 인상을 주는 등의 향을 만들어 사람들의 마음을 조종하는 수준에까지 이릅니다. 그가 만들고자 하는 향은 모든 사람에게 사랑을 받는 궁극의 향으로, 그 향을 얻기 위해 그는 25명의 소녀를 죽여요. 소녀들에게서 나는 향을 추출해, 그 향을 섞어 향수를 만들어 내는 거죠.

그는 마지막 소녀를 죽이는 과정에서 잡혀 사형을 선고받지만, 마침내 완성한 궁극의 향을 뿌리고 사형장에 나와요. 그리고 모든 사람에게 용서받습니다. 하지만 이 과정에서 오히려 인간에게 환멸을 느낀 그루누이는 조금은 끔찍한 방법으로 자살하는 걸 택하죠. 이렇게 18세기 파리에서 태어난 유일무이한 향수 천재의 이야기는 마무리가 됩니다.

내용이 참 독특하죠. 사회성도 부족한 냄새 천재 그루누이가 완성하고자 하는 향수는 모든 사람에게 사랑받을 수 있는 향수예요. 사실 현대인들은 잘 나가는 사람이건 그렇지 않은 사람이건 간에 사회적 관계에 약간의 두려움을 가지고 있습니다. 파트리크 쥐스킨트는 그러한 인간의 심리와 내적 욕망을 잘 그려 내는 작가인데요, 《향수》에서는 냄새라는 특이한 소재를 통해 그런 보편적인 이야기에 접근하죠. 그래서 사회성이 부족하고 사람들에게 냉대받는 그루누이에게서 우리 자신의 모습을 엿볼 수 있습니다.

사람들이 이 책을 인생책으로 뽑는 이유에는 이런 공감도 있지만, 사실 또 다른 이유가 있어요. 이 소설이야말로 소설 읽는 재미를 느끼게 해주는 책이거든요. 어떤 소설들은 읽을 때도 힘들고, 읽고 나면 이해하기 힘든 주인공의 심리와 선택 때문에 찝찝할 때도 있고, 애매모호한 엔딩 때문에 기분이 안 좋을 때도 있습니다. 그리고 한참을 읽어도 공감이나 몰입이 전혀 되지 않아 읽는 게 고역일 때도 있죠. 그런데 이 소설은 이토록 낯선 소재를 다룬 이야기도 이렇게 재미있을 수 있다는 걸 알려 주는 소설인 거죠.

파트리크 쥐스킨트는 《향수》에서 기존 작가들의 문장들을 패러디하고 짜깁기해서 고전적인 문장들을 구성합니다. 이것을 포스트모더니즘적 구성이라고 하는데요, 이런 방식으로 소설을 쓴 또 다른 작가가 《장미의 이름》을 쓴 움베르코 에코예요. 그래서 《향수》를 읽으면 장식적 문장과 인문학적 배경, 중세의 묘사 등에서 《장미의 이름》이 자연스럽게 떠오릅니다.

이제 그는 할 수만 있다면 악취를 풍기는 이 멍청한 욕망 덩어리들을 이 땅에서 싹 쓸어버리고 싶었다. 언젠가 칠흑 같은 어두운 영혼의 세계에서 낯선 냄새들을 섬멸했던 것처럼, 또한 그들로 하여금 자신이 그들을 얼마나 증오하고 있는지 깨닫게 해주고 싶었다. 그에게 있어 유일하게 진실한 감정인 이런 증오심에 대해 그들 역시 증오로 답해 오기를, 그래서 원래의 계획대로 자신을 처형시켜 주기를 그는 간절히 원했다. 그는 인생에서 '단 한 번만이라도' 자신을 표현하고 싶었다. 단 한 번 만이라도 다른 사람들과 똑같은 사람이 되어 자신의 내면을 드러내고 싶었다. 그들이 자신들의 사랑과 바보 같은 존경심을 보여 주듯이 그 역시 자신의 증오를 보여 주고 싶었다. 단 한 번만, 꼭 한 번만이라도 그의 진짜 모습을 그대로 인정받고 싶었다. 그래서 자신이 가진 유일한 장점인 증오에 대한 타인의 반응을 알고 싶었다.

그러나 아무 일도 일어나지 않았다. 일어날 수가 없었다. 적어도 이 날은 그렇게 될 수가 없었다. 왜냐하면 이 세상에서 가장 좋은 향수의 가면을 쓰고 있었기 때문이다. 이 가면을 쓰면 얼굴이 없는 것과 같아서 그는 완전히 무취의 상태가 되는 것이다. 그러자 갑자기 구역질이 났다. 또다시 안개가 피어오르는 것을 느꼈기 때문이다.[33]

인생책 중에서는 《향수》처럼 우리가 상식으로 생각했던 가치관에 일종의 충격을 가해서, 한 번 더 생각의 틀을 자극하는 책들이 있습니다. 단순히 독특해서가 아니라 그 독특함이 우리의 선입견을 깨는 거죠. 상식이라는 이름으로 선입견을 정당화하고 있던 것은 아닌가 스스로를 의심해 볼 계기를 주니까요.

인생책은 매년 바뀌는 것이 좋다

———

인생책은 그야말로 (각자의) 인생책이기 때문에 개개인의 수만큼 다양할 수 있지만, 그래도 어느 정도 패턴을 생각할 수 있는 인생책들을 정리해 보았어요. 이 분류 안에 여러분의 인생책이 들어 있나요? 네 가지 분류에 해당하지 않은 책이 인생책인 분도 있을 것이고, 아직 인생책이라고 할 만한 책을 발견하지 못한 분도 있을 겁니다.

아직 인생책이라고 말할 수 있는 책을 못 만난 분에게는 이렇게 말할 수 있을 것 같아요. 인생책이라는 이름을 아껴 두는 것은 나중에 더 좋은 이성을 만날 수 있을지 몰라, 지금 눈앞의 이성을 차버리는 것과 유사합니다. 자신에게 더 잘 맞는 사람은 실제로 사귀어 봐야 알 수 있잖아요.

그러니 인생책이라는 타이틀을 너무 아껴 두지 말고, 오히려 과감하게 남발하라고 말하고 싶네요. 지금까지 내 인생에서 가장 '인생책스럽다'는 책을 선정하고, 그보다 더 좋은 책이 나타나면 인생책을 바꿔도 돼요. 이성과의 교제처럼 결혼하고 서약하는 절차와 형식이 있는 것도 아니니까요. 매년 인생책이 바뀐다면 그만큼 자신의 독서 경험이나 생각의 폭이 성장했다는 증거일 수 있습니다. '그게 왜 인생책인가'에 답하는 과정에서 이미 읽은 책을 조금 더 깊이 있게 자기 것으로 만드는 경험을 하게 될 것입니다.

당신의 인생책은 어떤 책인가요?

그 책의 내용을 정리하면?

그 책이 왜 인생책이 되었나요?

당신의 인생책은 어떤 책인가요?

_____

_____

_____

_____

그 책의 내용을 정리하면?

_____

_____

_____

_____

그 책이 왜 인생책이 되었나요?

_____

_____

_____

_____

에필로그

모두 행복한 책 읽기 하시기를

책에 대한 리뷰를 전하는 북튜브 〈지식편의점 시한책방〉을 2018년 3월 31일에 시작했습니다. 그리고 그 후 좋은 기회가 이어져, 다양한 활동을 할 수 있었어요. 북콘서트 사회도 보고, 제 이름으로 토크 프로그램도 진행했고요, 포럼에서 발표를 하거나 강연할 기회도 많이 가졌습니다. 무엇보다 책을 내자는 제안이 끊이지 않아서 1년에 두세 권 정도는 꾸준히 책을 낼 수 있었죠.

그렇게 꽤 많은 책을 냈음에도 '책 읽기'에 대한 책은 낸 적이 없습니다. 그렇다고 제안이 없었던 것은 아닙니다. 오히려 가장 많은 제안을 받은 것이 '책 읽기'에 관한 책을 내자는 것이었습니다. 제가 운영하는 유튜브의 성격을 생각하면 당연한 일이긴 하죠.

264

사실 책 읽기에 관한 책을 따로 낸다는 것이 부담스러웠습니다. 책 읽기에 일반적인 방법은 없다고 생각하기 때문입니다. 더 정확하게는 100명의 사람이 있다면 백 가지 책 읽기 방법이 있는 것이지, 모든 사람에게 통하는 기적의 방법은 없다고 생각했다는 표현이 맞습니다. 책을 읽을 때 저한테 효과적인 방법은 다른 사람에게도 똑같이 효과가 있으리라고 생각하지는 않았거든요.

그런데 〈시한책방〉을 운영하며 깨달은 사실이 있어요. 4년 동안 업데이트를 위해 일주일에 두 권씩은 꼬박꼬박 책을 읽었습니다. 사실 두 권만은 아니죠. 1년 6개월째 토요일마다 KBS 라디오의 책 읽기 프로그램에 출연하고 있어, 이를 위해 한 권을 더 읽어야 했고요, 가끔 책에 관한 북콘서트 MC를 하거나 제가 진행하는 다른 프로그램들에서 저자들이 나오면 그들의 책 또한 읽어야 했습니다. 일주일에 적을 때가 두 권, 많으면 네 권도 읽어야 했죠.

책을 읽는 일 자체가 전업이 된다면 그렇게 책을 읽는 것도 가능할 수 있겠지만, 본업을 따로 유지하며 이런 정도의 독서를 매주 해야 한다면 효과적인 방법론을 찾을 수밖에 없습니다. 시간을 들여서 읽어야 하는 책도 있지만, 시간을 아껴서 읽어야 하는 책도 있거든요. 자신이 가장 좋아하는 장르의 책과 (필요상 읽어야 하는) 정보를 주는 책을 같은 비중을 가지고 읽을 수는 없으니까요.

그러다 보니 장르나 테마, 상황과 타이밍에 맞게 효과적인 독서 방법을 찾게 됩니다. 방법에 따라 시간적 이득을 얻을 수도 있고, 같은 시간이 들더라도 조금 더 큰 통찰을 얻을 수도 있습니다. 상황과 책에 맞는 적절한 방법들은 그것이 자신에게 100퍼센트 맞는 독서법은 아닐지라도 80~90퍼센트 정도 맞는 일반적인 방법은 될 수 있더라고요. 그런 일반적인 방법을 참고해서 더욱 더 자신에게 맞는 독서법으로 발전시킬 수 있기도 합니다.

제가 이 책을 통해 나눈 책 읽기에 대한 자세, 생각, 태도 그리고 방법들이 모두 맞다고 할 수는 없겠지만, 어느 정도 효과적인 방법이라고는 말씀드릴 수 있어요. 그렇지 않았다면 제가 그 많은 독서량을, 본업을 유지해 가며 4년째 소화할 수는 없었을 테니까요.

다른 독서법들을 받아들이거나 적어도 참고는 해야 하는 이유가 또 하나 있습니다. 책 편식을 막기 위해서입니다. 자신의 독서 스타일만을 고집하면 아무래도 늘 비슷한 장르나 내용만 읽게 됩니다. 책을 읽는 목적 중에는 자신이 원하는 내용을 원하는 시간에 보는 만족감이 큰 부분을 차지하지만, 때로는 배워야 하는 내용, 알아야 하는 것들을 위해 책을 봐야 할 때도 있습니다. 그런 경우 자신이 평소 대하던 장르가 아니면 읽기 힘들어지죠. 예를 들어 과학책을 읽을 때는 에세이를 보듯이 읽을 수는 없거든요. 경제 책을 주로 보던 사람이 소설을 읽을 때는 뭔가 쫓기는 기분이 들기도 합니다. 이런 경우 자신의 평소 독서법과는 다른 방법이 필요하죠.

4년여의 경험 끝에 제가 생각하는 책 읽기 방법을 나누는 것도 좋겠다는 생각을 했어요. 그런 마음으로 이 책을 완성했습니다. 그러니까 이 책은 처음 발표한 저의 '책 읽기에 관한 책'입니다.

자칫 책 읽기 책은 '꼰대스럽게' 느껴질 수 있어요. '이건 이래야 해', '저건 저런 법이야' 같은 이야기가 안 나올 수가 없기 때문이죠. 그런데 이 책은 저널북 형식의 책으로 기획되었고, 책을 쓸 때도 그런 느낌으로 접근했어요. 가르치는 것이 아니라 생각을 나누고, 법칙이 아니라 감상을 이야기하는 식으로 말이죠. 어떻게 보면 책 읽기에 대한 책을 빙자한 '책에 대한 에세이'라고 볼 수 있습니다. 또한 저 혼자만의 감상을 이야기하는 것이 아니라 보는 사람의 의견도 같이 물어보는 소통의 책이라고도 볼 수 있습니다.

다만 독서 경험과 책에 대한 생각을 나누되, 이왕이면 그것들을 잘 분류하고 정리하고 싶었습니다. 그래야 제가 생각하고 행하는 효과적인 책 읽기 방법들을 더욱 효과적으로 나눌 수 있고, 필요한 분들이 참고하기도 쉬울 테니까요.

책을 마치는 지금, 언제나 그렇듯이 두 가지 마음이 공존합니다. '잘했다'라는 마음과 '조금 더 잘할걸' 하는 마음이에요. 전자의 마음 때문에 우리는 현재를 살고, 후자의 마음 때문에 또 다시 미래로 나아가는 것이겠죠. 저는 지금 만족스러운 마음으로 책을 마무리하지만, 한구석에는 더 다양한 주제로 책에 관한 이야기를 하고 싶다는 마음도 있습니다. 하지만 후일을 기약하는 것도 멋진 작별 방법이겠죠.

강연이나 방송을 통해 만나는 많은 분이 "책을 어떻게 읽으면 좋을까요?"라는 질문을 합니다. 질문 자체가 너무 추상적이기도 하고, 사실 개인마다 다 달라서 '모두를 위한 방법'이라는 건 없기 때문에 대답하기 난감할 때가 많습니다. 하지만 무엇을 물어보는지는 알겠어요. 이 질문에는 지금 읽는 책을 잘 이해하고 싶고, 이왕 읽은 것을 잘 활용하고 싶고, 책을 읽었다는 티도 내고 싶은, 그런 복합적인 생각이 포함되어 있을 거예요.

그래서 제가 드리는 대답은 자신만의 관점을 가지고 책을 읽으라는 것입니다. 다른 사람의 생각은 참고사항은 될 수 있어도 정답은 될 수 없습니다. 심지어 작가의 말도 읽는 사람에게는 참고사항일 뿐이지, 절대적인 해석의 잣대는 될 수 없습니다. 어떤 사람에게 굉장히 슬픈 책이 다른 사람에게는 블랙코미디처럼 보일 수도 있고, 어떤 사람에게는 난해한 책이 다른 사람에게는 영감을 줄 수도 있습니다. 다른 사람이 찾은 책의 의미를 자신도 똑같이 받아들여야 한다고 생각하지 마세요. 그저 여러분의 생각과 수준, 가치와 관점에서 받아들이면 됩니다.

자신만의 관점을 가지세요. 그 관점을 다른 분들이 좋아해 주고 공감해 줄 수도 있습니다. 정서적으로 많은 사람이 좋아하면 '유대감'이 되는 것이고, 정보적으로 많은 사람이 좋아하면 '유익함'이 되는 것입니다.

'자신만의 관점을 가지라'는 말을 구체적으로 풀어 보면, 책에 대한 구체적인 질문을 하라는 거예요. '제목이 왜 이걸까?', '결말이 왜 이렇게 끝나지?' 같은 것에 대해 생각하면서 책을 보라는 겁니다. 만약 정보를 전달하는 것이 주목적인 책이라면, '그래서 이 내용을 중학교 2학년 조카에게 설명하면 어떻게 설명할 수 있지?' 같은 생각을 하면서 쉽게 정리해 보는 것입니다. 자문자답을 하는 것이 바로 자신의 관점을 가지는 거예요. 그러는 과정에서 독특한 시각이 나올 수 있습니다. 그렇게 가진 자신만의 관점이 여러분의 독서를 더욱 풍요롭고 행복하게 만들어 줄 것입니다.

모두 '행복한 책 읽기' 하시길 바랍니다.

1. 로버트 루이스 스티븐슨, 《보물섬》 새움, 2013, 126~127쪽.

2. 필립 K. 딕, 《넥스트》, 집사재, 2006, 148~149쪽.

3. N. H. 클라인바움, 《죽은 시인의 사회》, 서교출판사, 2004, 55~56쪽.

4. 〈The Wall Street Journal〉, 'U.S. Professor Is Hit in Seoul,' 2012.06.05, https://www.wsj.com/articles/SB10001424052702303506404577445841573895570.

5. 마이클 샌델, 《정의란 무엇인가》, 와이즈베리, 2014, 36~37쪽.

6. 조너선 하이트, 《바른 마음》, 웅진지식하우스, 2015, 69~70쪽.

7. F. 스콧 피츠제럴드, 《위대한 개츠비》, 더스토리, 2017, 275~276쪽.

8. 장 지글러, 《왜 세계의 절반은 굶주리는가?》, 갈라파고스, 2016, 168~169쪽.

9. 이본 쉬나드, 《파타고니아, 파도가 칠 때는 서핑을》, 라이팅하우스, 2020년, 127쪽.

10. 히가시노 게이고, 《용의자 X의 헌신》, 재인, 2017, 177~178쪽.

11. 정재승, 《정재승의 과학콘서트》, 어크로스, 2020, 47쪽.

12. 제임스 왓슨, 《이중나선》, 궁리, 2019, 18쪽.

13. 리처드 도킨스, 《이기적 유전자》, 을유문화사, 2018, 13쪽.

14. J. K. 롤링, 《해리포터와 아즈카반의 죄수1》, 문학수첩, 2019, 164쪽.

15. 타라 웨스트오버, 《배움의 발견》, 열린책들, 2020, 241~242쪽.

16. 이광수, 《무정》, 민음사, 2010, 454쪽.

17. 파울로 코엘료, 《연금술사》, 문학동네, 2001, 218쪽.

18. 기시미 이치로, 고가 후미타케, 《미움받을 용기》, 인플루엔셜, 2014, 154~155쪽.

19. 앙투안 드 생텍쥐페리, 《어린 왕자》, 더스토리, 2018, 59~60쪽.

20. 헤르만 헤세, 《수레바퀴 아래서》, 더스토리, 2020, 133쪽.

21. 아리스토텔레스, 《니코마코스 윤리학》, 창, 2008, 53쪽.

22. 리처드 파인만, 《파인만의 여섯 가지 물리 이야기》, 승산, 2003, 41~42쪽.

23. 막스 베버, 《프로테스탄티즘의 윤리와 자본주의 정신》, 문예출판사, 2021, 38~39쪽.

24. 레이첼 카슨, 《침묵의 봄》, 에코리브르, 2011, 305~306쪽.

25. 윤정은, 《하고 싶은 대로 살아도 괜찮아》, 애플북스, 2018, 56쪽.

26. 미셸 몽테뉴 《몽테뉴의 수상록》, 메이트북스, 2019, 6~9쪽.

27. 법정, 《스스로 행복하라》, 샘터, 2020, 187쪽.

28. 월레 소잉카, 《제로 형제의 시련》, 지만지드라마, 2019, 84~85쪽.

29. 주제 사라마구, 《눈먼 자들의 도시》 해냄, 2019, 177~178쪽.

30. 토마 피케티, 《21세기 자본》, 글항아리, 2014, 19쪽.

31. 빅터 프랭클, 《빅터 프랭클의 죽음의 수용소에서》, 청아출판사, 2020, 60~61쪽.

32. 헨리 데이비드 소로, 《월든》, 은행나무, 2011, 171~172쪽.

33. 파트리크 쥐스킨트, 《향수》, 열린책들, 2009, 341~342쪽.

이시한의 열두 달 북클럽